Сказать жизни «ДА!»

Психолог в концлагере

Виктор Франкл

Сказать жизни «ДА!»

Психолог в концлагере

Перевод с немецкого

9-е издание

АЛЬПИНА НОН-ФИКШН

Москва
2025

УДК 159.9+316.612
ББК 88.3+87
Ф83

Viktor E. Frankl. Trotzdem Ja zum Leben sagen

Перевод с немецкого — Д. Орлова, Д. Леонтьев

Научное редактирование и предисловие — Д. Леонтьев

Франкл В.

Ф83 Сказать жизни «Да!»: Психолог в концлагере / Виктор Франкл ; Пер. с нем. — 9-е изд. — М.: Альпина нон-фикшн, 2025. — 240 с.

ISBN 978-5-91671-838-6

Эта удивительная книга сделала ее автора одним из величайших духовных учителей человечества в XX веке. В ней философ и психолог Виктор Франкл, прошедший нацистские лагеря смерти, открыл миллионам людей всего мира путь постижения смысла жизни. Дополнительный подарок для читателя настоящего издания — пьеса «Синхронизация в Биркенвальде», где выдающийся ученый раскрывает свою философию художественными средствами.

УДК 159.9+316.612
ББК 88.3+87

ISBN 978-5-91671-838-6 (рус.)

СОДЕРЖАНИЕ

УПРЯМСТВО ДУХА 9

ПСИХОЛОГ В КОНЦЛАГЕРЕ

Неизвестный заключенный 17

Активный и пассивный отбор 19

Отчет заключенного № 119104 22

ФАЗА ПЕРВАЯ: ПРИБЫТИЕ В ЛАГЕРЬ

Станция Аушвиц 29

Первая селекция 34

Дезинфекция 38

Что остается человеку: голое существование 41

Первые реакции 42

«Броситься на проволоку»? 45

ФАЗА ВТОРАЯ: ЖИЗНЬ В ЛАГЕРЕ

Апатия 50

Что причиняло боль 55

Тяжесть презрения 57

Мечты заключенных 63

Голод 65
Сексуальность.................................70
Без всякой сентиментальности.............. 71
Политика и религия 73
Спиритический сеанс.......................75
Уход в себя 76
Когда отнято все… 78
Медитации в канаве........................82
Монолог на рассвете 84
Искусство в концлагере.....................86
Лагерный юмор 89
Мы завидуем арестантам 93
Счастье — это когда худшее
обошло стороной............................95
В сыпнотифозный лагерь? 98
Жажда одиночества… 102
Судьба играет человеком 105
Последнее желание,
выученное наизусть..........................109
План бегства 112
Раздражительность...........................122
Внутренняя свобода 127

Судьба — подарок..132
Анализ временного существования.........136
Спиноза как воспитатель 142
Задать вопрос о смысле жизни 149
Страдание как подвиг 151
Ожидание 152
Слово, сказанное вовремя........................154
Врачевание души.......................................156
Психология лагерной охраны 160

ФАЗА ТРЕТЬЯ:
ПОСЛЕ ОСВОБОЖДЕНИЯ 166
«Отпустило…» 170

СИНХРОНИЗАЦИЯ В БИРКЕНВАЛЬДЕ
Метафизическая конференция 176

УПРЯМСТВО ДУХА

Эта книга принадлежит
к числу немногих величайших
человеческих творений.

Карл Ясперс

Блажен, кто посетил сей мир
В его минуты роковые,
Его призвали всеблагие
Как собеседника на пир.

Ф. И. Тютчев

Перед вами великая книга великого человека.

Ее автор — не просто выдающийся ученый, хотя это так: по числу почетных ученых степеней, присужденных ему разными университетами мира, ему нет равных среди психологов и психиатров. Он не просто мировая знаменитость, хотя и с этим спорить трудно: 31 его книга переведена на несколько десятков языков, он объехал весь мир, и встречи с ним искали многие выдающиеся люди и сильные мира сего — от таких выдающихся философов, как Карл Ясперс и Мартин Хайдеггер, и до политических и религиозных лидеров, включая папу Павла VI и Хиллари Клинтон. Не прошло и десятилетия после смерти Виктора Франкла, но мало кто станет оспаривать, что он оказался одним из величайших духовных учителей человечества в XX веке. Он не только построил психологическую теорию смысла и основанную на ней философию человека, он раскрыл глаза миллионам людей на возможности открыть смысл в собственной жизни.

Актуальность идей Виктора Франкла определяется уникальной встречей масштабной личности с обстоятельствами места, времени и образа действия, которые придали этим идеям столь громкий резонанс. Он умудрился прожить немало, и даты его жизни — 1905–1997 гг. — вобрали в себя XX век почти без остатка. Почти всю свою жизнь он прожил в Вене — в самом центре Европы, почти что в эпицентре нескольких революций и двух мировых войн и поблизости от линии фронта сорокалетней холодной войны. Он пережил их все, пережил в обоих смыслах этого слова, — не только оставшись в живых, но и претворив свои переживания в книги и публичные лекции. Виктор Франкл испытал на себе весь трагизм столетия.

Почти посередине через его жизнь проходит разлом, обозначенный датами 1942–1945. Это годы пребывания Франкла в нацистских концлагерях, нечеловеческого существования с мизерной вероятностью остаться в живых. Почти любой, кому посчастливилось выжить, счел бы наивысшим счастьем вычеркнуть эти годы из жизни и забыть их как страшный сон. Но Франкл еще накануне войны в основном завершил разработку своей теории стремления к смыслу как главной движущей силы поведения и развития личности. И в концлагере эта теория получила беспрецедентную проверку жизнью и подтверждение — наибольшие шансы выжить, по наблюдениям Франкла, имели не те, кто отличался наиболее крепким здоровьем, а те, кто отличался наиболее крепким духом, кто имел смысл, ради которого жить. Мало кого можно вспомнить в истории человечества, кто заплатил столь высокую цену за свои убеждения и чьи воззрения подверглись такой жестокой проверке. Виктор Франкл стоит в одном ряду с Сократом и Джордано Бруно, принявшим смерть за истину. Он тоже имел возможность избежать такой участи. Незадолго до ареста ему удалось, как и некоторым другим высококлассным профессионалам, получить визу на въезд в США, однако после долгих колебаний он решил остаться, чтобы поддержать своих престарелых родителей, у которых шанса уехать с ним не было.

У самого Франкла было ради чего жить: в концлагерь он взял с собой рукопись книги с первым вариантом учения о смысле, и его заботой было сначала попытаться сохранить ее, а затем, когда это не удалось, — восстановить утраченный текст. Кроме того, до самого освобождения он надеялся увидеть в живых свою жену, с которой он был разлучен в лагере, но этой надежде не суждено было сбыться — жена погибла, как и практически все его близкие. В том, что он сам выжил, сошлись и случайность, и закономерность. Случайность — что он не попал ни в одну из команд, направлявшихся на смерть, направлявшихся не по какой-то конкретной причине, а просто потому, что машину смерти нужно было кем-то питать. Закономерность — что он прошел через все это, сохранив себя, свою личность, свое «упрямство духа», как он называет способность человека не поддаваться, не ломаться под ударами, обрушивающимися на тело и душу.

Выйдя в сорок пятом на свободу и узнав, что вся его семья погибла в горниле мировой войны, он не сломался и не ожесточился. В течение пяти лет он выпустил дюжину книг, в которых изложил свое уникальное философское учение, психологическую теорию личности и психотерапевтическую методологию, основанные на идее стремления человека к смыслу. Стремление к смыслу помогает человеку выжить, и оно же приводит к решению уйти из жизни, оно помогает вынести нечеловеческие условия концлагеря и выдержать тяжелое испытание славой, богатством и почетом. Виктор Франкл прошел и те и другие испытания и остался Человеком с большой буквы, проверив на себе действенность собственной теории и доказав, что в человека стоит верить. «Каждому времени требуется своя психотерапия», — писал он. Ему удалось нащупать тот нерв времени, тот запрос людей, который не находил ответа, — проблему смысла, — и на основе своего жизненного опыта найти простые, но вместе с тем жесткие и убедительные слова о главном. У этого человека — редкий случай! — и хочется, и есть чему поучиться в наше время всеобщей относительности, неуважения к знаниям и равнодушия к авторитетам.

«Упрямство духа» — это его собственная формула. Дух упрям, вопреки страданиям, которые может испытывать тело, вопреки разладу, который может испытывать душа. Франкл ощутимо религиозен, но он избегает говорить об этом прямо, потому что он убежден: психолог и психотерапевт должны суметь понять любого человека и помочь ему вне зависимости от его веры или отсутствия таковой. Духовность не исчерпывается религиозностью. «В конце концов, — говорил он в своей московской лекции, — Богу, если он есть, важнее, хороший ли вы человек, чем то, верите вы в него или нет».

Первый вариант книги «Психолог в концлагере», составившей основу данного издания, был надиктован им за 9 дней, вскоре после освобождения, и вышел в 1946 году анонимно, без указания авторства. Первый трехтысячный тираж был распродан, но второе издание продавалось очень медленно. Гораздо больший успех имела эта книга в Соединенных Штатах; первое ее английское издание появилось в 1959 году с предисловием авторитетнейшего Гордона Олпорта, роль которого в международном признании Франкла чрезвычайно велика. Эта книга оказалась нечувствительна к капризам интеллектуальной моды. Пять раз она объявлялась «книгой года» в США. За 30 с лишним лет она выдержала несколько десятков изданий общим тиражом свыше 9 миллионов экземпляров. Когда же в начале 1990-х годов в США по заказу Библиотеки Конгресса проводился общенациональный опрос с целью выяснить, какие книги сильнее всего повлияли на жизнь людей, американское издание книги Франкла, которую вы держите в руках, вошло в первую десятку!

Новое, наиболее полное немецкое издание главной книги Франкла под названием «И все же сказать жизни "Да"» вышло в 1977 году и с тех пор постоянно переиздается. В него была включена также философская пьеса Франкла «Синхронизация в Биркенвальде» — до этого она была опубликована только раз, в 1948 году, в литературном журнале под псевдонимом Габриэль Лион. В этой пьесе Франкл находит иную, художественную форму для выражения своих главных философских идей — причем отнюдь не только в словах, которые произносит заключенный Франц, alter ego самого Франкла, но и в структуре сценического действия. С этого издания и сделан данный перевод. На русском языке ранее выходили сокращенные варианты повествования Франкла о концлагере, сделанные по другим изданиям. Полный его вариант публикуется на русском языке впервые.

В конце жизни Франкл дважды побывал в Москве, выступал в Московском университете. Он встретил чрезвычайно горячий прием. Его мысли легли на благодатную почву, и сегодня Франкл воспринимается в России скорее как свой, а не как чужестранец. Столь же теплый прием получили выходившие у нас ранее книги Франкла. Есть все основания надеяться, что и этому изданию суждена долгая жизнь.

Дмитрий Леонтьев,
доктор психологических наук

Памяти
покойной матери

ПСИХОЛОГ В КОНЦЛАГЕРЕ

Неизвестный заключенный

«Психолог в концлагере» — таков подзаголовок этой книги. Это рассказ больше о переживаниях, чем о реальных событиях. Цель книги — раскрыть, показать пережитое миллионами людей. Это концентрационный лагерь, увиденный «изнутри», с позиции человека, лично испытавшего все, о чем здесь будет рассказано. Причем речь пойдет не о тех глобальных ужасах концлагерей, о которых уже и без того много говорилось (ужасах столь неимоверных, что в них даже не все и не везде поверили), а о тех бесконечных «малых» мучениях, которые заключенный испытывал каждый день. О том, как эта мучительная лагерная повседневность отражалась на душевном состоянии обычного, среднего заключенного.

Следует заранее сказать, что то, о чем будет здесь говориться, происходило преимущественно не в больших, широко известных лагерях, а в их филиалах, отделениях. Однако известно, что именно эти небольшие лагеря были лагерями уничтожения. Здесь будет рассказано не о страданиях и гибели героев и мучеников, а скорее о незаметных, безвестных жертвах концлагерей, о массах тихих, незаметных смертей.

Мы не станем касаться и того, что перенес и о чем рассказывал какой-нибудь заключенный, годами подвизавшийся в роли так называемого капо, то есть чего-то вроде лагерного полицейского, надсмотрщика, или иной привилегированный заключенный. Нет, речь идет об обычном, безвестном обитателе лагеря, на которого тот же капо смотрел с презрением, сверху вниз. В то время как этот безвестный жестоко голодал и погибал от истощения, у капо дела с питанием обстояли неплохо, подчас даже лучше, чем в течение всей его прежней жизни. Психологически, характерологически подобного капо можно скорее приравнять не к заключенному, а к СС, к лагерной охране. Это тип человека, сумевшего ассимилироваться, психологически слиться с эсэсовцами. Очень часто капо бывали даже жестче лагерной охраны, причиняли обычным заключенным больше страданий, чем сами эсэсовцы, чаще били их. Впрочем, и назначались на роль капо только такие заключенные, которые были к этому пригодны; если же случайно попадался более порядочный человек, его тут же выбраковывали.

Активный и пассивный отбор

Человек посторонний и непосвященный, кто сам не был в лагере, как правило, вообще не в состоянии представить себе истинную картину лагерной жизни. Она может видеться ему в каких-то сентиментальных тонах, во флере тихой скорби. Он и не предполагает, что это была жестокая борьба за существование — даже между самими заключенными. Беспощадная борьба за ежедневный кусок хлеба, за самосохранение, за себя самого или за самых близких людей.

К примеру: формируется состав, который будто бы должен перевезти определенное число заключенных в какой-то другой лагерь. Но все опасаются, и не без оснований, что это — очередная «селекция», то есть уничтожение слишком ослабевших и неработоспособных, и, значит, этот состав пойдет прямиком в газовые камеры и крематории, устроенные в центральных лагерях. И тут начинается борьба всех против всех. Каждый отчаянно бьется за то, чтобы не попасть в этот эшелон, уберечь от него своих близких, любыми способами старается ухитриться хоть в последний момент исчезнуть из списков отправляемых. И каждому абсолютно ясно, что если он на этот раз спасется, то на его месте в эшелоне должен будет оказаться кто-то другой. Ведь требуется определенное количество обреченных, из которых каждый представляет собой только номер, всего лишь номер! В списке к отправке стоят только номера.

Ведь сразу по прибытии, к примеру, в Аушвиц* у заключенного отбирают буквально все, и он, оставшись не только без малейшего имущества, но даже и без единого документа, может теперь назваться любым именем, присвоить себе любую специальность — возможность, которую при некоторых условиях удавалось использовать.

* В литературе на русском языке чаще встречается польское название этого лагеря — Освенцим. — *Прим. пер.*

Единственное, что было неизменно, — это номер, обычно вытатуированный на коже, и только номер интересовал лагерное начальство. Никакому конвоиру или надсмотрщику, пожелавшему взять на заметку «ленивого» заключенного, не пришло бы в голову справляться о его имени — он смотрел только на номер, который каждый обязан был нашить еще и на определенное место брюк, куртки, пальто, и записывал этот номер. (Кстати, попасть таким образом на заметку было небезопасно.)

Но вернемся к предстоящему эшелону. В такой ситуации у заключенного нет ни времени, ни желания заниматься абстрактными размышлениями о нормах морали. Он думает только о самых близких — о тех, кто ждет его дома и ради кого он должен стараться выжить, или, может быть, лишь о тех немногих товарищах по несчастью, с которыми он как-то связан. Чтобы сохранить себя и их, он, не задумываясь, постарается втолкнуть в эшелон какой-то другой «номер».

Из сказанного выше уже ясно, что капо представляли собой образчик своего рода негативного отбора: на такие должности годились только самые жестокие люди, хотя, конечно, нельзя утверждать, что здесь, как и всюду, не было счастливых исключений. Наряду с этим «активным отбором», осуществляемым эсэсовцами, был еще и «пассивный». Среди заключенных, которые многие годы провели за колючей проволокой, которых пересылали из лагеря в лагерь, кто сменил чуть ли не дюжину лагерей, как правило, наибольшие шансы остаться в живых имели те, кто в борьбе за существование окончательно отбросил всякое понятие о совести, кто не останавливался ни перед насилием, ни даже перед кражей последнего у своего же товарища.

А кому-то удалось уцелеть просто благодаря тысяче или тысячам счастливых случайностей или просто по милости Божьей — можно называть это по-разному. Но мы, вернувшиеся, знаем и можем с полной уверенностью сказать: лучшие не вернулись!

Отчет заключенного № 119104
(психологический опыт)

Поскольку «номер 119104» предпринимает здесь попытку описать, что он пережил и передумал в лагере именно «как психолог», прежде всего следует отметить, что находился он там, конечно, не в качестве психолога и даже — за исключением последних недель — не в качестве врача. Речь пойдет не столько о его собственных переживаниях, не о том, как жил он, сколько об образе, вернее, о способе жизни обычного заключенного. И я не без гордости заявляю, что был именно не более чем обычным заключенным, номером 119104.

Я работал преимущественно на земляных работах и на строительстве железнодорожных путей. В то время как некоторым моим коллегам (правда, немногим) выпала невероятная удача работать в сколько-нибудь отапливаемых импровизированных лазаретах, увязывая там пачки ненужных бумажных отходов, мне как-то случилось — в одиночку — прорыть под улицей тоннель для водопроводных труб. И я был очень этому рад, потому что в качестве признания моих трудовых успехов получил к Рождеству 1944 года два так называемых премиальных талона от строительной фирмы, где мы трудились буквально на положении рабов (фирма ежедневно выплачивала за нас лагерному начальству определенную сумму — в зависимости от числа работавших). Этот талон обошелся фирме в 50 пфеннигов, а ко мне вернулся через несколько недель в виде 6 сигарет. Когда же я стал обладателем 12 сигарет, то почувствовал себя богачом. Ведь 12 сигарет — это 12 порций супа, это уже почти спасение от голодной смерти, отсрочка ее по крайней мере на две недели! Позволить себе роскошь курить сигареты мог только капо, имевший еженедельно два гарантированных премиальных талона, или заключенный, работавший при какой-нибудь мастерской или складе — там иногда особое усердие вознаграждали сигаретой. Все же остальные сигаретами невероятно дорожили, берегли их и буквально надрывались из последних сил, чтобы получить премиальный талон, ибо это сулило пищу, а значит, продлевало жизнь. Когда мы видели, что наш товарищ вдруг закурил до того бережно хранимую им сигарету, мы знали — он уже полностью отчаялся, он не верит, что выживет, да и не имеет на это шансов. И обычно так и случалось. Люди, почувствовавшие близость своего смертного часа, решали напоследок получить каплю хоть какой-то радости…

Зачем я рассказываю обо всем этом? Каков вообще смысл этой книги? Ведь уже опубликовано достаточно фактов, рисующих картину концлагеря. Но здесь факты будут использованы лишь в той мере, в какой они отразились на душевной жизни заключенного; психологический аспект книги посвящен переживаниям как таковым, внимание автора направлено на них. Книга имеет двоякий смысл в зависимости от того, кем будет ее читатель. Тот, кто сам был в лагере и испытал то, о чем идет речь, найдет в ней попытку научного объяснения и истолкования тех переживаний и реакций. Другим же, большинству, требуется не объяснение, а понимание; книга должна помочь понять то, что пережили заключенные, что с ними происходило. Хотя процент выживших в лагерях ничтожен, важно, чтобы их психология, их своеобразные, часто совсем изменившиеся жизненные установки были понятны окружающим. Ведь само по себе такое понимание не возникает. От бывших заключенных часто приходилось слышать: «Мы неохотно рассказываем о наших переживаниях. Тому, кто сам был в лагере, не надо ничего рассказывать. А тот, кто не был, все равно не сможет понять, чем все это было для нас и чем еще осталось».

Конечно, подобный психологический опыт наталкивается на определенные методические трудности. Психологический анализ требует от исследователя некоторой дистанции. Но имел ли необходимую дистанцию психолог-заключенный, скажем, по отношению к переживанию, которое он должен был наблюдать, имеет ли он эту дистанцию вообще? Такую дистанцию мог иметь внешний наблюдатель, но она была бы слишком велика, чтобы делать достоверные выводы. Для находящегося «внутри» дистанция, наоборот, слишком мала, чтобы судить объективно, но все-таки у него то преимущество, что он — и только он! — знает всю остроту переживаний, о которых идет речь. Вполне возможно, даже вероятно и уж во всяком случае не исключено, что в его представлении масштабы могут быть несколько искажены. Что ж, будем стараться везде, где это возможно, отрешаться от всего личного, но там, где это необходимо, наберемся мужества представить личные переживания. Ведь главную опасность для подобного психологического исследования представляет все-таки не его личностная окрашенность, а тенденциозность этой окраски.

Впрочем, я спокойно предоставлю кому-нибудь другому возможность еще раз профильтровать предложенный текст вплоть до полной его обезличенности и выкристаллизовать из этого экстракта переживаний объективные теоретические выводы. Они будут дополнением к той психологии и, соответственно, патопсихологии арестанта, которая складывалась в предшествующие десятилетия. Огромный материал для нее создала уже Первая мировая война, познакомив нас с «болезнью колючей проволоки» — острой психологической реакцией, которая наблюдалась у заключенных в лагерях для военнопленных. Вторая мировая война расширила наши представления о «психопатологии масс» (если можно так сказать, обыгрывая название книги Лебона*), ибо она не только втянула огромнейшие массы людей в «войну нервов», но и предоставила психологам тот страшный человеческий материал, который

* Имеется в виду книга французского социолога конца XIX — начала XX века Гюстава Лебона «Психология масс» или «Психология толп» (1895).

можно кратко обозначить как «переживания заключенных концлагерей».

Надо сказать, что первоначально я хотел выпустить эту книгу не под собственным именем, а только под своим лагерным номером. Причиной тому была моя нерасположенность к обнажению своих переживаний. Так и было сделано; но меня стали убеждать в том, что анонимность обесценивает публикацию, а открытое авторство, наоборот, повышает ее познавательную ценность. И я, переборов страх самораскрытия, набрался мужества ради дела подписаться собственным именем.

ФАЗА ПЕРВАЯ: ПРИБЫТИЕ В ЛАГЕРЬ

Если попытаться хотя бы в первом приближении упорядочить огромный материал собственных и чужих наблюдений, сделанных в концлагерях, привести его в какую-то систему, то в психологических реакциях заключенных можно выделить три фазы: прибытие в лагерь, пребывание в нем и освобождение.

Станция Аушвиц

Первую фазу можно охарактеризовать как «шок прибытия», хотя, конечно, психологически шоковое воздействие концлагеря может предшествовать фактическому попаданию в него. Как это было у нас, в том эшелоне, с которым я прибыл в Аушвиц? Представьте: мы движемся уже много дней и ночей. В поезде — до полутора тысяч человек; в каждом вагоне примерно восемьдесят мужчин и женщин лежат и сидят на каких-то узлах — последних остатках своего имущества. Рюкзаки, сумки, свертки загородили половину вагонного окна, так что бледный свет раннего утра проникает только сверху. Куда мы едем? Все полагают, что на какое-то военное предприятие, где нас заставят работать.

Поезд останавливается на путях. Непонятно, где мы — еще в Силезии или уже в Польше? Пронзительный свисток паровоза звучит для нас жутко, точно крик о помощи. Кажется, будто сама машина почувствовала, что везет людей туда, где их ждет великое несчастье. А поезд, видимо, подходит к большой станции. И вдруг раздается чей-то крик: «Смотрите, надпись — Аушвиц!» В этот момент, наверное, каждый ощущает, как у него буквально останавливается сердце. Ведь Аушвиц связан с неопределенными и потому еще более страшными представлениями о газовых камерах, крематориях и массовых убийствах. Поезд катит дальше — медленно, как бы в нерешительности, как бы желая дать нам возможность освоиться с фактом: Аушвиц… Теперь уже можно увидеть больше: в постепенно рассеивающемся утреннем тумане слева и справа от железнодорожного полотна проступают очертания огромнейшего лагеря. Бесконечные проволочные заграждения, сторожевые вышки, прожекторы. И длинные колонны оборванных, закутанных в лохмотья человеческих фигур, серых в сером утреннем свете, медленно и устало бредущих по прямым, как стрелы, дорогам — кто знает куда? То с одной, то с другой стороны слышны повелительные свистки — кто знает, что они значат?

Многим из нас стали мерещиться ужасные картины. Мне, например, показалось, что я вижу две виселицы с болтающимися на них повешенными... Меня охватил страх. И, наверное, так было надо: всем нам предстояло секунда за секундой, шаг за шагом входить в великий ужас, свыкаться с ним. Наконец поезд подошел к станции. Тишина. И вот — там, снаружи, — команда, окрик, грубый, хриплый, надсадный — тот, который мы будем слышать во всех лагерях и который звучит как последний крик убиваемого и даже более того — как постоянный крик человека, которого все время убивают.

Двери вагона открываются резким рывком, и в него врывается толпа, скорее — свора заключенных в отвратительной полосатой лагерной одежде, наголо остриженных, однако выглядящих на удивление сытыми. Они заговаривают с нами на всех мыслимых европейских языках, но все — с той жизнерадостностью, которая здесь, в этот момент, в этой ситуации выглядит как-то гротескно. Но я хватаюсь за эту их жизнерадостность, как утопающий за соломинку. Неистребимый оптимизм, всегда поддерживающий меня в самые тяжелые минуты, нашептывает мне: они ведь хорошо выглядят, эти люди, с ними, видимо, не так уж плохо обращаются, вот они даже смеются. Почему бы и мне не оказаться в таком благоприятном положении? Да какое там благоприятном — просто счастливом!

Психиатрам известна картина так называемого бреда помилования, когда приговоренный к смерти буквально перед казнью начинает, в полном безумии, верить, что в самый последний момент его помилуют. Вот и мы озарились надеждой и поверили — это не будет, не может быть так ужасно. Ну посмотрите же на этих краснорожих типов, на эти лоснящиеся щеки! Мы еще не знали тогда, что это — лагерная элита, люди, специально отобранные для того, чтобы встречать составы, годами ежедневно прибывавшие в Аушвиц.

И, ободряя новоприбывших своим видом, забирать их багаж со всеми ценностями, которые, возможно, припрятаны в нем, — какой-нибудь редкой вещицей, ювелирным изделием. К тому времени, то есть к середине Второй мировой войны, Аушвиц стал, безусловно, своеобразным центром Европы. Здесь скопилось огромное количество ценностей — золота, серебра, платины, бриллиантов, и не только в магазинах, но и в руках эсэсовцев, а кое-что даже у членов той особой группы, которая нас встречала.

Помню, перед отправкой в другой, меньший лагерь мы теснились в каком-то бараке, предназначенном, я полагаю, максимум для двухсот человек, а нас было около полутора тысяч; многим приходилось стоять, потому что сесть, не говоря уже о том, чтобы лечь, было негде. Мы были вконец измучены, замерзали, голодали — за четыре дня мы получили по одному кусочку хлеба, что-то граммов 150. И я слышал, как староста блока этого барака торговался с одним из встречавших нас заключенных по поводу платиновой булавки для галстука, украшенной бриллиантом. Думаю, что в конечном счете булавка была обращена в выпивку. Я не знаю, во сколько тысяч марок мог обойтись там веселый вечерок с достаточным количеством шнапса, но уверен: этим «вечным» концлагерникам алкоголь был необходим! И кто станет обвинять человека, если, годами живя в такой внешней обстановке, с таким внутренним состоянием, он захочет хоть ненадолго себя одурманить!

Еще больше нуждались в таком одурманивании те заключенные, которых принуждали поочередно становиться помощниками палачей, обслуживая газовые камеры и крематории. Ведь они знали, что настанет их очередь и они пойдут путем своих жертв. Им, кстати, даже выдавались практически неограниченные дозы спиртного.

Первая селекция

В большей или меньшей степени, но все в нашем эшелоне находились во власти «бреда помилования» и надеялись, что все еще может кончиться благополучно. Мы пока были не в состоянии понять смысл происходящего; этот смысл стал нам ясен только к вечеру. Нам было приказано выйти из вагонов, оставив там весь свой багаж, построиться в отдельные колонны — мужчин и женщин — и таким образом, вереницей, продефилировать перед старшим офицером СС. Я набрался храбрости все-таки взять с собой свой мешок с хлебом, кое-как спрятав его под пальто. И вот наша колонна, один за другим, приближается к офицеру. Я соображаю: если сейчас он заметит мой мешок, тянущий меня чуть-чуть набок, то я как минимум получу оплеуху такой силы, что она бросит меня в грязь — нечто подобное со мной уже случалось. И чем ближе я подхожу к офицеру, тем больше, причем почти инстинктивно, выпрямляюсь, тем искуснее маскирую свой груз.

И вот он передо мной — высокий, стройный, молодцеватый, в безукоризненной, просто ослепительной форме — элегантный, холеный мужчина, такой неизмеримо далекий от тех жалких существ, что мы сейчас собой представляем. Он стоит в непринужденной позе, подпирая левой рукой правый локоть, подняв правую кисть и делая указательным пальцем легкое движение — налево, направо, но чаще налево... Никто из нас не имел ни малейшего представления о том, что может означать это небрежное движение пальца. Но кто-то шепнул мне, что направо — значит на работы, а налево — в лагерь для неработоспособных и больных. Значит, нельзя выглядеть слабым! Я усвоил это — на сей раз и на много последующих. Мой мешок тянет меня вбок, а я вытягиваюсь, выпрямляюсь, как только могу. Эсэсовец испытующе смотрит на меня, похоже, он колеблется или сомневается; затем кладет обе руки мне на плечи, я стараюсь не сутулиться, стою навытяжку, и он медленно разворачивает меня направо…

Вечером мы узнали истинное значение этой игры пальцем. Это была первая селекция, первое решение о том, быть или не быть. Для большинства из нашего эшелона, едва ли не для 90%, это был смертный приговор. И он был исполнен в ближайшие же часы. Те, кого направляли налево, маршировали сразу к зданию крематория, где, как мне рассказывали потом те, кто там работал, висели надписи на многих европейских языках: «Баня», а при входе каждому совали в руку кусочек мыла… О том, что с ними происходило дальше, я промолчу — пусть говорят документы, они уже известны. А мы, меньшинство из прибывшего эшелона, узнали об этом вечером того же дня.

Я спросил у заключенных, уже давно находившихся в лагере, куда мог подеваться мой коллега и друг П., с которым мы вместе приехали.

— Его послали в другую сторону?

— Да, — ответил я.

— Тогда ты увидишь его там.

— Где?

Чья-то рука указала мне на высокую дымовую трубу в нескольких сотнях метров от нас. Из трубы вырывались острые языки пламени, освещавшие багровыми всполохами серое польское небо и превращавшиеся в клубы черного дыма.

— Что там?

— Там твой друг парит в небесах, — прозвучал суровый ответ.

Но все это я рассказываю, забегая вперед. С психологической точки зрения для каждого из нас между выходом на вокзал с его утренним серым полумраком и первой ночью в лагере пролегла длинная-длинная дорога. Эскортируемые эсэсовскими конвоирами с ружьями наперевес, мы бежали бегом между двумя рядами колючей проволоки, по которой — мы знали — пущен ток высокого напряжения. Бежали через весь лагерь к дезинфекционной станции-бане. Для нас, миновавших первую селекцию, это действительно была баня. И снова — пища для нашего «бреда помилования». Эсэсовцы, встретившие нас здесь, кажутся относительно любезными. Но очень скоро мы заметили: они любезны, лишь пока снимают с нас наручные часы и достаточно миролюбиво предлагают сдать им все, что у нас еще есть. «Ну что ж, пропало так пропало, — думал каждый. — И если этот относительно симпатичный человек берет часы себе — почему бы и нет? Может быть, мне от этого будет какая-нибудь польза?»

Дезинфекция

И вот мы ждем в бараке, служащем чем-то вроде предбанника. Появляется эсэсовец с одеялами, куда должны быть сложены все консервы, часы, украшения.

Среди нас еще находятся (на потеху помощникам из числа «старых» лагерников) наивные люди, спрашивающие, можно ли оставить себе обручальное кольцо, медальон, какую-то памятную вещичку, талисман: никто еще не может поверить, что отнимается буквально все. Я пробую довериться одному из старых лагерников, наклоняюсь к нему и, показывая бумажный сверток во внутреннем кармане пальто, говорю: «Смотри, у меня здесь рукопись научной книги. Я знаю, что ты скажешь, знаю, что остаться живым, только живым — самое большое, чего можно сейчас просить у судьбы. Но я ничего не могу с собой поделать, такой уж я сумасшедший, я хочу большего. Я хочу сохранить эту рукопись, спрятать ее куда-нибудь, это труд моей жизни». Он, кажется, начинает меня понимать, он усмехается, сначала скорее сочувственно, потом все более иронично, презрительно, издевательски и наконец с гримасой полного пренебрежения злобно ревет мне в ответ единственное слово, самое популярное слово из лексикона заключенных: «Дерьмо!»

Вот теперь я окончательно усвоил, как обстоят дела. И со мной происходит то, что можно назвать пиком первой фазы психологических реакций: я подвожу черту под всей своей прежней жизнью.

Вдруг в толпе моих товарищей — смертельно бледных, испуганных, о чем-то беспомощно перешептывающихся — происходит движение: это снова прозвучала хриплая команда, и всех бегом загоняют в следующее, уже, кажется, непосредственно банное помещение. В центре его стоит эсэсовский офицер, нетерпеливо ожидающий, пока мы все будем в сборе. Его речь кратка, отрывиста и сурова: «Я даю вам две минуты. Вот, я смотрю на часы. За эти две минуты вы должны полностью раздеться. Все оставить на месте. Ничего с собой не брать, кроме ботинок, пояса или подтяжек, очков и, разве что, грыжевого бандажа. Я засекаю две минуты — пошли!»

С невообразимой поспешностью люди начинают срывать с себя одежду. Чем ближе конец срока, тем нервнее развязываются узлы, выдергиваются шнурки, расстегиваются пряжки, пуговицы, сбрасывается нижнее белье. Кого-то торопят — слышны хлопающие удары кнута по голому телу… Нас гонят куда-то еще, нас бреют — не только головы. Ни одного волоса не остается на теле. Мы едва узнаем друг друга. Мы строимся. Нас гонят в душевую. Но здесь есть нечто, что нас радует, что кажется счастьем: из кранов идет действительно вода. Вода!

Что остается человеку: голое существование

За несколько минут ожидания душа мы остро ощутили свою наготу. Да, теперь у тебя действительно нет ничего, кроме собственного тела. Нет даже волос — нет ничего, кроме нашего в самом прямом смысле голого существования. Что нам осталось от прежней жизни? Мне, например, только очки и пояс. Его, правда, мне вскоре пришлось обменять на кусок хлеба.

Обладателям грыжевых бандажей пришлось вечером пережить еще один волнующий момент. Староста блока нашего барака, «приветствуя» наше появление, заверил нас «честным словом», что всякого, кто зашил в свой бандаж доллары или благородные металлы, он лично повесит на вот этой — рука указует вверх — балке. И с гордостью пояснил, что на такие самоличные действия он имеет право.

С обувью, которую нам поначалу оставили, тоже не все было гладко. Мало-мальски приличную все-таки забрали, взамен же человек мог получить что-то совсем не по размеру. Тому же, кто последовал доброжелательному, казалось бы, совету встреченных у входа заключенных со стажем и отрезал голенища своих прекрасных высоких канадских мотоциклетных бутсов со шнуровкой, да еще для маскировки замазал место обреза мылом, пришлось очень и очень пожалеть об этом. Ибо предстояло пройти мимо офицера для контроля обуви, и заподозренного в «акте саботажа» загнали в какую-то соседнюю каморку, откуда еще долго слышались удары кнута и крики истязуемого…

Первые реакции

Так рушились иллюзии, одна за другой. И тогда явилось нечто неожиданное: черный юмор. Мы ведь поняли, что нам уже нечего терять, кроме этого до смешного голого тела. Еще под душем мы стали обмениваться шутливыми (или претендующими на это) замечаниями, чтобы подбодрить друг друга и прежде всего себя. Кое-какое основание для этого было — ведь все-таки из кранов идет действительно вода!

Кроме черного юмора, появилось еще другое чувство, что-то вроде любопытства. Лично мне такая реакция на чрезвычайные обстоятельства была уже знакома совсем из другой области. В горах, при обвале, отчаянно цепляясь и карабкаясь, я в какие-то секунды, даже доли секунды испытывал что-то вроде отстраненного любопытства: останусь ли жив? Получу травму черепа? Перелом каких-то костей? И в Аушвице у людей на короткое время возникало состояние некой объективизации, отстраненности, мгновения почти холодного любопытства, почти стороннего наблюдения, когда душа как бы отключается и этим пытается защититься, спастись. Нам становилось любопытно, что же будет происходить дальше. Как, например, мы, совершенно голые и мокрые, выйдем отсюда наружу, на холод поздней осени?

В тот раз, кстати, никто почему-то не схватил даже насморка. Впоследствии у нас бывали подобные тривиальные поводы для удивления. Те из нас, кто изучал медицину, имели возможность убедиться: учебники лгут! В них написано, что человек не может обходиться без сна более стольких-то часов, — вранье!

Это только выдумки, что человек не может того или иного делать, не может спать, «если не...», не может жить «без...»! В первую же ночь в Аушвице я спал на трехэтажных нарах, где на каждом этаже, размером примерно 2×2,5 м, лежали прямо на голых досках по 9 человек, на которых полагалось 2 жалких одеяла. Мы, конечно, могли уместиться, только лежа на боку, тесно вжавшись друг в друга; впрочем, в нетопленом бараке это было нелишним. Брать наверх обувь было запрещено, и только в высшей степени нелегально кое-кто решался использовать ее в качестве подушки. Прочим же не оставалось ничего другого, как положить голову на согнутую в локте руку. Но сон вопреки всему приходит, приглушает сознание, дает возможность отключиться от всего ужаса, всей боли этого положения.

Из других подобных неожиданностей можно упомянуть следующие: разумеется, пришлось забыть о зубных щетках, разумеется, мы испытывали жесточайший авитаминоз, но состояние десен было лучше, чем когда-либо раньше, в периоды самого здорового питания. Да мало ли что еще оказалось возможным! Полгода носить одну рубашку, пока она буквально не истлеет на теле, много дней подряд не умываться, потому что замерз водопровод, не мыть руки, вечно грязные от земляных работ, и обойтись без ран и воспалений — правда, до тех лишь пор, пока не начались отморожения. Или: человек, которого прежде будил малейший шорох в соседней комнате, сейчас засыпает, едва свалившись на нары, спит бок о бок с товарищем, храпящим ему в самое ухо. Приходишь к выводу, что прав был Достоевский, определив человека как существо, которое ко всему привыкает. Если бы нас спросили, насколько это верно, мы бы ответили: «Да, это так. Человек ко всему привыкает. Но не спрашивайте нас как».

«Броситься на проволоку»?

Но все это еще только начало психологических наблюдений. Мы еще не так далеко ушли в понимании происходящего вокруг нас и в нас самих. Мы еще находимся в первой фазе наших душевных реакций.

Безвыходность ситуации, ежедневная, ежечасная, ежеминутная угроза гибели — все это приводило почти каждого из нас, пусть даже мельком, ненадолго, к мысли о самоубийстве. Но я, исходя из моих мировоззренческих позиций, о которых еще будет сказано, в первый же вечер, прежде чем заснуть, дал себе слово «не бросаться на проволоку». Этим специфическим лагерным выражением обозначался здешний способ самоубийства — прикоснувшись к колючей проволоке, получить смертельный удар тока высокого напряжения. Но решение «не бросаться на проволоку», в сущности, в Аушвице мало что меняло. Самоубийство здесь теряло смысл, потому что вообще было невозможно рассчитывать на сколько-нибудь долгую жизнь. Рассуждая чисто логически или узнавая некоторые цифры, заключенный вынужден был признать, что едва ли ему удастся попасть в то незначительное число счастливчиков, которые ускользнут от всех селекций и других способов уничтожения. В Аушвице заключенный, находящийся еще в состоянии первичного шока, совсем не боится смерти. Даже газовая камера уже через несколько дней не вызывает у него страха. В его глазах это просто нечто, что избавляет от заботы о самоубийстве.

Я лично не принадлежал к тем, кто пережил первичный шок, шок поступления наиболее болезненно. Это не раз подтверждали и мои непредубежденные товарищи. И все-таки при следующем эпизоде я мог только усмехнуться.

Несмотря на запрет покидать бараки без особого распоряжения, один мой знакомый коллега, прибывший сюда неделей раньше, прошмыгнул к нам на следующее утро после прибытия. Он хотел нас успокоить, просветить, утешить. Похудевший почти до неузнаваемости, он торопливо, с более или менее убедительно наигранной живостью, бросал нам фразы: «Не бойтесь! Не бойтесь селекции! М. (главный врач лагеря, эсэсовец) считается с врачами!» (Это было неправдой. Не буду вдаваться в подробности, но теперь я это знаю: врач одного блока, сам заключенный, человек лет шестидесяти, рассказал мне, как он умолял этого М. вызволить его сына, которому предстояла газовая камера. И тот холодно, жестко отказал.) «Об одном прошу вас, одно советую, — горячился этот коллега, — брейтесь! Если удастся — брейтесь каждый день! Чем? Ну, хоть осколком стекла! Отдавайте последний кусок хлеба, чтобы кто-нибудь вас побрил! Выбритый мужчина выглядит моложе, и щеки ведь розовеют, когда их поскребешь. Только не болеть, не выглядеть больным! Хотите жить — производите впечатление работоспособного. Достаточно самого маленького упущения — и все пропало! Ну, допустим, у вас там с ботинком что-то, и вы чуть-чуть прихрамываете. Стоит офицеру СС это заметить, и газовая камера вам обеспечена. Знаете, кого у нас называют "мусульманин"? Скорбная фигура, опустившийся, тощий, больной вид, — сразу видно, что к тяжелой работе не способен. Его-то раньше или позже, скорее раньше, и отправят туда, в газ. Поэтому еще раз — брейтесь! Стойте и ходите прямо! И тогда можно не бояться газа... Да, вы-то здесь всего 24 часа, а я уже знаю, и я уверяю вас, вы можете не бояться газовой камеры, разве вот один, — и он указал на меня. — Ты ведь не обиделся? Я говорю открыто. Самое большее — этот, — он снова кивнул на меня, — попадет под следующую селекцию. Так что успокойтесь...» Клянусь, во время этой речи я только усмехался. И, наверное, всякий другой на моем месте повел бы себя так же.

Готхольд Эфраим Лессинг как-то сказал: «Некоторые ситуации лишают человека разума, если только ему есть чего лишаться». В аномальной ситуации именно аномальная реакция становится нормальной. И психиатры могли бы подтвердить — чем нормальнее человек, тем естественнее для него аномальная реакция, если он попадает в аномальную ситуацию, к примеру, будучи помещен в психиатрическую лечебницу. Так и реакция заключенных в концлагере, взятая сама по себе, являет картину ненормального, неестественного душевного состояния, но рассмотренная в связи с ситуацией, она предстает как нормальная, естественная и типичная.

ФАЗА ВТОРАЯ: ЖИЗНЬ В ЛАГЕРЕ

Апатия

Через несколько дней психологические реакции начинают меняться. Пережив первоначальный шок, заключенный понемногу погружается во вторую фазу — фазу относительной апатии, когда в его душе что-то отмирает.

Помимо рассмотренных выше разнообразных аффективных реакций, человека, попавшего в лагерь, мучают и иные душевные переживания, которые он пытается в себе заглушить. Прежде всего это безграничная тоска по близким и родным, оставшимся дома. Она может быть такой жгучей, что захватывает все его существо. Затем появляется отвращение ко всему, на что падает его взгляд. Как и все его товарищи, он одет сейчас в такие лохмотья, что огородное пугало показалось бы по сравнению с ним элегантным. В лагере между бараками нет ничего, кроме болотной грязи, и чем больше ее убираешь, тем теснее приходится с ней соприкасаться. Именно новоприбывших охотнее всего направляли в рабочие команды, занятые очисткой отхожих мест и вывозом нечистот. При езде по кочковатому полю брызги этой жижи летели вокруг, попадали на лицо. Но стоило при этом дернуться, сделать попытку вытереться, как тут же следовал удар палкой — так капо реагировал на излишнюю, по его мнению, «деликатность» своего рабочего.

Угасание нормальных чувств продолжалось и продолжалось. Вначале заключенный не мог выносить тех садистских экзекуций, при которых его заставляли присутствовать; он отводил взгляд от своих товарищей, часами приседавших и встававших в грязи в темпе, диктуемом ударами. Но проходят дни, недели, и он начинает реагировать иначе. Ранним утром, еще в темноте, стоит он в своей колонне у ворот лагеря перед маршем на работу; где-то рядом раздается вопль боли, он оборачивается и видит: его товарища ударами сбивают с ног, поднимают и снова сбивают. Почему? За что? Его товарищ болен, у него высокая температура, но, на его несчастье, жар начался только этой ночью и у него не было возможности своевременно измерить температуру в лазарете и остаться в бараке как больному. Теперь его наказывают как симулянта, отлынивающего от работы.

Мучительная картина, но нашего заключенного, находящегося уже на второй стадии психологического реагирования, это уже не трогает. Равнодушно, как-то отрешенно, с тупым безразличием наблюдает он за происходящим. Или: вечером он сам, опухший от голода, с нарывами или высокой температурой плетется в лазарет в надежде получить освобождение от работ хоть на два дня. И здесь он столь же равнодушно будет смотреть, как втаскивают двенадцатилетнего парнишку. Для этого мальчика в лагере не нашлось обуви, и его, босого, заставляли часами простаивать на снегу плаца и работать на холоде. Его стопы вконец отморожены, и теперь врач отрывает пинцетом почерневшие куски того, что было пальцами… Брезгливость, страх, сострадание, возмущение — ничего этого заключенный теперь уже не в состоянии испытывать. За несколько недель в лагере он видел столько страдающих, больных, умирающих, мертвых, что такие картины его уже не трогают.

Одно время я лежал в сыпнотифозном бараке, среди лихорадящих, бредящих, умирающих больных. И вот опять только что умер один из них. Это случилось на глазах у всех уже в который раз, в своей постоянной повторяемости это уже не вызывает никаких чувств. Я вижу, как то один, то другой подходят к еще теплому трупу, копошатся возле него. Один забирает несколько засохших грязных картофелин, оставшихся от обеда. Другой решил, что деревянные опорки умершего все же лучше его собственных, и меняется с ним. Третий делает то же с курткой. Четвертый радуется, что нашел здесь настоящий — подумайте, настоящий! — шпагат. Безучастно наблюдаю я за их возней. Наконец заставляю себя подняться и говорю санитару, что надо вынести из барака (землянки) труп.

Решившись это сделать, он берет мертвого за ноги, сбрасывает в узкий проход между двумя рядами досок, на которых лежат, справа и слева, 50 больных в лихорадке, и волочит по бугристому земляному полу к выходу. Там есть две ступеньки — вверх и вниз, — вечная проблема для нас, обессилевших от голода.

Без помощи рук, не цепляясь за дверные косяки, одними усилиями ног мы давно уже не можем перевалить собственный вес через два двадцатисантиметровых барьера. И вот теперь надо протащить по этим ступенькам труп — сначала наверх, потом вниз. А человек, занятый этим, тоже обессилен. Сначала он выволакивает ноги, потом — туловище, потом мы слышим неприятное постукивание головы о ступеньки.

Тем временем в барак втаскивают обед — бочку жидкого супа. Его быстро раздают, быстро поедают. Мое место напротив входа, на другом конце барака, рядом с единственным маленьким окном, находящимся почти на уровне земли. Обхватив свою миску, я грею об нее окоченевшие руки и, хлебая суп, оборачиваюсь к окну. Оттуда на меня широко раскрытыми глазами смотрит этот труп. Еще два часа назад мы с ним разговаривали! Я продолжаю хлебать…

Если бы я чисто профессионально не удивился тогда собственному бесчувствию, то, наверное, этот эпизод даже не запомнил бы — настолько мало была окрашена чувствами вся та жизнь в целом.

Что причиняло боль

Апатия, внутреннее отупение, безразличие — эти проявления второй фазы психологических реакций заключенного делали его менее чувствительным к ежедневным, ежечасным побоям. Именно этот род нечувствительности можно считать необходимейшей защитной броней, с помощью которой душа пыталась оградить себя от тяжелого урона.

Пинки и удары можно было получить в лагере по малейшей причине, да и вовсе без причины. Пример: на стройке, где я работаю, пришло время раздачи хлеба. Мы выстраиваемся в очередь, в затылок друг другу. Человек, стоявший за мной, вероятно, немного отступил от прямой линии. Хотя с точки зрения дисциплинарной это не было нарушением (ведь стояли мы там, где положено), это чем-то не понравилось конвоиру, возможно, оскорбило его чувство симметрии. Во всяком случае, я не мог иметь представления о том, что происходит у меня за спиной и что думает конвоир. И меня просто ошеломили два внезапных сильных удара по голове. Только тогда я увидел, что возле нас стоит конвоир и он пустил в ход дубинку.

Причиняемая побоями телесная боль была для нас, заключенных, не самым главным (точно так же, как для подвергаемых наказанию детей). Душевная боль, возмущение против несправедливости — вот что, несмотря на апатию, мучило больше. В этом смысле даже удар, который приходится мимо, может быть болезненным. Однажды, например, мы в сильную метель работали на железнодорожных путях. Уже хотя бы ради того, чтобы не замерзнуть окончательно, я очень прилежно трамбовал колею щебенкой, но в какой-то момент остановился, чтобы высморкаться. К несчастью, именно в этот момент конвоир обернулся ко мне и, конечно, решил, что я отлыниваю от работы. Самым болезненным для меня в этом эпизоде был не страх дисциплинарного взыскания, битья. Вопреки уже полнейшему, казалось бы, душевному отупению, меня крайне уязвило то, что конвоир не счел то жалкое существо, каким я был в его глазах, достойным даже бранного слова: как бы играя, он поднял с земли камень и бросил в меня. Я должен был понять: так привлекают внимание какого-нибудь животного, так домашней скотине напоминают о ее обязанностях — равнодушно, не снисходя до наказания.

Тяжесть презрения

Самое болезненное в побоях — это презрение, которым они сопровождаются. Однажды мы перетаскивали через обледеневшие железнодорожные пути тяжелые шпалы. Стоило одному, поскользнувшись, оступиться или упасть, как он увлек бы за собой товарищей, несущих шпалу вместе с ним.

Среди нас был мой коллега и друг, страдавший врожденным вывихом тазобедренного сустава. Он был невероятно рад, что попал на работы, — ведь люди с физическим недостатком вроде него подлежали селекции, их участью становилась газовая камера. И вот он ковыляет под грузом особенно тяжелой шпалы; остается уже несколько шагов до места, куда ее надо сбросить, когда я вижу, что его нога скользит. Я еще своей шпалы не получил и почти автоматически бросаюсь его поддержать. В тот же момент на мою спину опускается дубинка конвоира, и яростный окрик возвращает меня на место. А ведь всего несколько минут назад тот же конвоир презрительно разглагольствовал о том, что у нас, свиней, нет духа товарищества…

В другой раз мы должны были при 20-градусном морозе копать промерзшую, твердую, как камень, землю для прокладки водопроводных труб. К этому времени я уже очень ослабел физически. И вот появляется надзирающий за работами — толстощекий, румяный, с лицом, весьма напоминающим свиное рыло. Как нам, замерзающим, не позавидовать его полушубку, его отличным перчаткам — ведь мы одеты в тряпье, руки у нас голые! С минуту он молча разглядывал меня и кучу выкопанной земли передо мной — свидетельство моей продуктивности. Я предвижу недоброе, и действительно следует крик: «Ты, свинья! Я слежу за тобой все время! Я еще покажу тебе, как надо работать! Ты у меня будешь зубами землю грызть! Ты здесь подохнешь, уж я об этом позабочусь! Ты у меня за два дня сгинешь! Ты в своей жизни ни дня не работал, это видно. Кем ты был, ты, скотина? Разные делишки обделывал, ха!»

Мне уже все равно. Я понимаю: угрозу моего быстрого уничтожения надо принимать всерьез. Но я выпрямляюсь, смотрю ему прямо в глаза и говорю:

— Я был врачом. Врачом-специалистом.

— Что? Врачом ты был? Деньги ты у людей вытягивал — в это я поверю.

— Господин руководитель работ! Как раз основную свою работу я вел бесплатно — в больнице для бедных.

Да, это было уже слишком! Он бешено бросается на меня, опрокидывает на землю, что-то орет как одержимый…

Но мне повезло. Капо моей рабочей группы благоволил ко мне. Во время многочасовых маршей на работы и с работ я выслушивал его пространные повествования о его любовных историях и семейных конфликтах, обсуждал их с ним и произвел на него известное впечатление своими характерологическими диагнозами и психотерапевтическими советами. То, как он длительное время выражал свою благодарность, было для меня очень ценным: он обеспечивал мне место рядом с собой в первых рядах нашей колонны, состоявшей обычно из 280 человек. В чем тут преимущество? Только представьте себе: ранним утром, еще в темноте, мы начинаем строиться. Каждый боится прийти слишком поздно и оказаться в последних рядах. Ведь если вдруг понадобятся люди для каких-то других, более тяжелых и неприятных работ, появится старший по лагерю (момент, ожидавшийся со страхом) и отберет нужное ему количество из этих последних рядов. Впрочем, иногда, чтобы обмануть расчеты «этих хитрецов», он отбирал как раз первые ряды. Любая просьба или попытка протеста тут же подавлялись парой внушительных ударов сапогом, и жертв выбора под окрики и брань гнали на плац.

До тех пор, пока длились излияния моего капо, ничего подобного со мной случиться не могло — мне было обеспечено почетное место рядом с ним. И это еще не все. Как и все обитатели лагеря, я жестоко страдал от голода. Ноги мои страшно отекли, и кожа из-за этого так натянулась, что я с трудом сгибал колени. Ботинки, чтобы всунуть в них отекшие стопы, приходилось оставлять незашнурованными, и туда постоянно набивался снег, так что ноги были к тому же постоянно мокры. Если бы даже нашлись какие-то толстые носки, ботинки бы тогда вовсе не налезли. Конечно, на ногах появились отморожения, трещины, так что буквально каждый шаг становился мукой. И еще одно бедствие: при марше по заснеженному полю на подошвы налипал снег, на них образовывались ледяные бугры. То и дело, поскользнувшись, падал один, на него натыкался и падал шедший следом, колонна расстраивалась, наступала заминка. Конвоиры прикладами ружей наводили порядок, строй снова двигался, и снова все повторялось. Так вот, чем ближе к началу колонны ты идешь, тем меньше препятствий впереди тебя, тем реже ты вынужден останавливаться, а потом, несмотря на эту адскую боль в ногах, бежать бегом. Как же должен быть счастлив личный психотерапевт «господина капо», имеющий возможность идти поблизости от него, в первых рядах, в более или менее равномерном темпе!

Не умолчу и о другом гонораре. До тех пор, пока на рабочей площадке давался суп, я мог рассчитывать, что, когда подойдет моя очередь, капо опустит половник немного поглубже и зачерпнет мне со дна несколько лишних горошин.

И вот этот капо, бывший офицер, набрался храбрости отозвать в сторонку разъяренного начальника и шепнуть ему, что он знает меня «как хорошего работника». Конечно, это бы не помогло, но на следующий день капо сумел сунуть меня в другую рабочую группу.

Этот эпизод можно истолковать по-разному. Но для меня он служит подтверждением того, что даже при всей апатии, при всей приглушенности чувств человек все-таки остается способным на вспышку возмущения. И вызывает ее не столько грубость обращения или физическая боль, сколько унижение, сопровождающее все это. Мне просто кровь ударила в голову, когда я принужден был выслушивать издевательства человека, не имевшего никакого представления о моей прежней жизни, человека настолько грубого и наглого, что медицинская сестра госпиталя, где я раньше работал, не пустила бы его на порог. И надо сказать, что эта моя вспышка, происшедшая на глазах стоящих вокруг товарищей, принесла мне какое-то облегчение.

Пусть редко, но бывали и бригадиры, которые проявляли хоть какое-то сострадание и делали что могли, чтобы облегчить нашу участь хотя бы на стройплощадке. Правда, и они все время попрекали нас тем, что, мол, нормальный рабочий выполнил бы наше задание гораздо быстрее. Но по крайней мере они с пониманием относились и к нашим возражениям — что нормальный рабочий питается чем-то большим, чем 300 (и это теоретически, а практически еще меньше) граммов хлеба и миска водянистого супа в день; что нормальный рабочий не находится под постоянным душевным гнетом, как мы; что над ним не висит постоянная угроза смерти. И так далее, и так далее... Одному доброжелательному бригадиру я даже сказал однажды: «Если бы вы, господин бригадир, за несколько недель научились у меня делать спинно-мозговую пункцию так же хорошо, как я у вас научился земляным работам, — тогда великое вам почтение». И он только ухмыльнулся.

Возвращаясь к апатии как главному симптому второй фазы, следует сказать, что это — особый механизм психологической защиты. Реальность сужается. Все мысли и чувства концентрируются на одной-единственной задаче: выжить! И вечером, когда измученные люди возвращались с работ, от всех можно было слышать одну фразу-вздох: ну, еще один день позади!

Мечты заключенных

Вполне понятно поэтому, что в состоянии такого психологического пресса и под давлением необходимости всецело концентрироваться на непосредственном выживании вся душевная жизнь сужалась до довольно примитивной ступени. Психоаналитически ориентированные коллеги из числа товарищей по несчастью часто говорили о «регрессии» человека в лагере, о его возвращении к более примитивным формам душевной жизни. Эта примитивность желаний и стремлений ясно отражалась в типичных мечтах заключенных.

О чем чаще всего мечтают заключенные в лагере? О хлебе, о торте, о сигаретах, о хорошей горячей ванне. Невозможность удовлетворения самых примитивных потребностей приводит к иллюзорному переживанию их удовлетворения в бесхитростных грезах. Когда же мечтатель вновь пробуждается к реальности лагерной жизни и ощущает кошмарный контраст между грезами и действительностью, он испытывает что-то невообразимое. Никогда не забуду, как однажды ночью меня разбудил спящий рядом со мной товарищ, громко стонавший и ворочавшийся, явно под влиянием какого-то ночного кошмара. Должен сразу сказать, что с давних пор испытываю особое сострадание к людям, которых мучают страхи в бредовых переживаниях или во сне. Я уже был близок к тому, чтобы разбудить беднягу, страдающего от кошмарного сна. Но внезапно я передумал и отдернул руку, уже протянутую, чтобы растолкать спящего соседа. В этот момент мне с необычайной остротой пришло в голову, что никакой сон, каким бы кошмарным он ни был, не может быть хуже реальности, которая окружала нас в лагере и к переживанию которой я чуть было не вернул товарища.

Голод

Заключенные настолько страдали от истощения, что, само собой, в центре тех примитивных влечений, к которым «регрессировала» душевная жизнь в лагере, находилась у них потребность в пище. Понаблюдаем за группой заключенных в тот редкий момент, когда бдительность надзирателей немного ослабла и можно перекинуться парой слов. Они немедленно заговорят о еде! Кто-то станет расспрашивать стоящего рядом, какие у него были любимые блюда. Затем они начнут обмениваться рецептами блюд и составлять меню тех праздничных обедов, на которые они пригласят друг друга, когда освободятся и вернутся домой. И они буквально не смогут остановиться до тех пор, пока один из заключенных — тот, кому это поручено, — не возвестит (чаще шифром, например, выкриком какой-нибудь цифры): конвоир идет!

Сам я считал эти бесконечные, навязчивые разговоры о еде (мы называли их желудочным онанизмом) нежелательными. Не стоит провоцировать организм, кое-как, пусть хоть наполовину приспособившийся к крайне скудному рациону, и дразнить его столь интенсивным и эмоциональным воображением всяких лакомств. Мнение, будто это может дать хоть минутное облегчение, — пустая иллюзия, в физиологическом смысле даже небезопасная.

В последнее время наше ежедневное питание состояло из миски водянистого супа и маленького кусочка хлеба. К этому прилагалась так называемая добавка: или 20 граммов маргарина, или ломтик скверной колбасы, или ложка жидкого повидла, или маленький кусочек сыра. По калорийности этого было, разумеется, совершенно недостаточно, особенно с учетом тяжелой физической работы, постоянного пребывания на холоде и никуда не годной одежды.

Больным, которые на короткое время получали право оставаться в бараке, не выходя на работы, приходилось еще хуже. Мы могли наблюдать, как организм постепенно пожирает сам себя. Когда исчезал последний жир в подкожной клетчатке, когда не оставалось мускулов, мы становились похожи на скелеты, обтянутые кожей и обвешанные каким-то тряпьем. Организм терял собственные белки, а вместе с ними исчезала мускулатура. У тела больше не оставалось защитных сил. То один, то другой умирал. Каждый мог достаточно точно вычислить, кто будет следующим и когда придет его собственный черед, — ведь многократные наблюдения давали более чем достаточно представлений о симптомах приближающегося конца. «Этот долго не протянет», «этот следующий», — перешептывались мы. И когда вечером, ложась спать, мы раздевались, каждый, видя себя обнаженным, думал одно и то же: «В сущности, это тело, мое тело — уже труп». Чем еще был каждый из нас? Частичкой большой массы жалкой человеческой плоти; плоти, насильно помещенной за колючую проволоку, загнанной в землянки; плоти, определенный процент которой ежедневно начинал гнить, потому что становился уже безжизненным.

Мы уже говорили выше о навязчивом характере мыслей о еде или об отдельных любимых блюдах — мыслей, которые лезли в головы заключенных часто, как только в сознании освобождалось место для них. Понятно поэтому, что лучшие из нас тосковали о времени, когда они смогут нормально питаться, не ради этой вкусной еды, а ради того, чтобы избавиться от недостойного человека состояния, когда невозможно думать ни о чем, кроме еды.

Кто не голодал сам, тот не сможет представить себе, какие внутренние конфликты, какое напряжение воли испытывает человек в этом состоянии. Он не поймет, не ощутит, каково это — стоя в котловане, долбить киркой неподатливую землю, все время прислушиваясь, не загудит ли сирена, возвещающая половину десятого, а затем десять; ждать этого получасового обеденного перерыва; неотступно думать, выдадут ли хлеб; без конца спрашивать у бригадира, если он не злой, и у проходящих мимо гражданских — который час?

И распухшими, негнущимися от холода пальцами то и дело ощупывать в кармане кусочек хлеба, отламывать крошку, подносить ее ко рту и судорожно класть обратно — ведь утром я дал себе клятвенное обещание дотерпеть до обеда!

Мы были способны бесконечно дебатировать о том, как разумнее использовать свой мизерный хлебный рацион. Создались две большие партии. Одна считала, что полученную дневную порцию надо съесть сразу же, целиком. И они выдвигали в пользу такого суждения два довода: во-первых, хоть раз в сутки можно ненадолго приглушить голод; во-вторых — это гарантирует, что хлеб не будет украден или каким-нибудь образом потерян. Вторые считали, что съедать весь хлеб сразу не надо, и у них тоже были доводы в пользу такого мнения. Что касается меня, то я в конце концов примкнул ко второй группе, но мотивы у меня были свои. Самым мучительным моментом из всех 24 часов лагерных суток был для меня момент пробуждения. Три пронзительных свистка, командовавших подъем, еще почти ночью безжалостно вырывали нас из сна. И наступала минута, когда надо было начинать борьбу с сырыми, съежившимися за ночь ботинками, не налезавшими на распухшие, израненные ноги. Когда кругом слышались охи и стоны. Когда приходилось видеть, что сильный когда-то мужчина, плача как ребенок, с не налезающими на ноги ботинками в руках босиком выбегает на заснеженный плац… Вот тогда я и хватался за слабое утешение в виде сэкономленного, хранимого с вечера в кармане кусочка хлеба! Я жевал и сосал его и, отдаваясь этому ощущению, хоть чуть-чуть отвлекался от ужаса происходящего.

Сексуальность

Истощение приводило к тому, что во второй фазе пребывания в лагере потребность в пище выходила на передний план в сознании заключенных; им же объясняется и молчание сексуальных влечений. В противоположность тому, что происходит в других закрытых мужских заведениях, например в казармах, здесь не было тяги к похабничанью, не считая начальной фазы шока. И даже в снах заключенных почти никогда не возникали сексуальные мотивы, хотя любовная тоска и все, что ее сопровождает, — то, что психоанализ называет «стремления с отторможенной целью», — появлялось в сновидениях довольно часто.

Без всякой сентиментальности

У подавляющего большинства заключенных преобладание примитивных потребностей, необходимость сконцентрироваться на себе, на сохранении своей жизнеспособности приводили к обесцениванию всего того, что не служило этим исключительным интересам. Этим объясняется полное отсутствие сентиментальности, с которым заключенные воспринимают окружающее. Я внезапно осознал такое изменение отношения, когда меня везли из Аушвица в баварский филиал Дахау. Транспорт, который вез меня вместе с примерно 2000 заключенных, шел через Вену. Мы прибыли на вокзал после полуночи. Я знал, что дальше железнодорожные пути пролегают вдоль той улицы, где я родился и жил много лет — до самого дня депортации.

В маленьком арестантском вагоне с двумя зарешеченными окошками нас было человек пятьдесят. Места всем не хватало, многие ехали стоя, и большинство стоящих теснились к окошкам. Я был среди них. Мой родной город, каким я мог его увидеть через оконные решетки, между головами, стоя на цыпочках, показался мне призрачным. Да и все мы чувствовали себя скорее мертвыми, чем живыми. Мы думали, что поезд идет в Маутхаузен и, значит, жить нам осталось одну-две недели. Улицы, площади, дома моего детства, моей родины я воспринимал — и это было вполне четкое чувство — так, будто сам уже мертв, сам как призрак смотрю на этот призрачный город.

После многочасового ожидания поезд отошел от станции. Теперь будет улица — моя улица! Молодые парни, имевшие за плечами уже несколько лет лагерной жизни, плотной стеной стояли у окошка. Для них эта поездка означала возможность хоть каких-то новых впечатлений, и они смотрели, не отрываясь. Я стал умолять их пустить меня ближе хоть на одну минутку, я пытался объяснить им, почему это было для меня так важно, так необходимо. Моя просьба была отвергнута наполовину грубо, наполовину насмешливо и иронически:

— Ты столько лет там жил? Ну так ты уже насмотрелся!

Политика и религия

Подобную несентиментальность лагерных старожилов можно считать закономерным проявлением обесценивания в их глазах всего, что не приносит чисто практической пользы, не помогает выжить. Все остальное, безусловно, казалось заключенному излишней роскошью. Отмирали все духовные запросы, все высокие интересы. В общем, все, что относится к области человеческой культуры, впало в некий род зимней спячки.

Исключением из этого более или менее закономерного состояния были две области — политика (что понятно) и, что очень примечательно, религия. О политике говорили повсюду и почти беспрепятственно, но это было в основном улавливание, распространение и обсуждение слухов о текущем положении на фронте. Поскольку слухи эти были, как правило, противоречивы и быстро сменяли друг друга, толки вокруг них только усиливали нервозность. То и дело возникала надежда на скорое окончание войны, но она быстро рушилась, и даже самые большие оптимисты погружались в отчаяние.

Религиозные устремления, пробивавшиеся через все здешние тяготы, были глубоко искренними. Вновь прибывших заключенных буквально потрясала живучесть и глубина религиозных чувств. И самыми впечатляющими в этом смысле были молитвы и богослужения, совершаемые нами в каком-нибудь уголке барака или в вагоне для скота, в котором, голодные, измученные и замерзшие, в своем мокром тряпье, мы возвращались обратно в лагерь после работы.

Зимой и ранней весной 1945 года в лагерях возникла эпидемия сыпного тифа; им переболели почти все заключенные. Смертность была ужасающе высокой — ведь все, и без того обессиленные, работали до последнего момента, были лишены ухода и какого бы то ни было лечения; кроме того, у заболевших развивались неприятные побочные симптомы, такие как непреодолимое отвращение к пище (что составляло дополнительную угрозу жизни) и мучительный горячечный бред. Чтобы избавиться от бреда, я, как и многие другие, старался большую часть ночи не спать. Часами я произносил в уме какие-то речи, а потом начал царапать на клочках бумаги стенографические знаки, пытаясь восстановить рукопись, которую мне пришлось выбросить в Аушвице при дезинфекции.

Горячка несла с собой много тяжелых моментов. Но как о самом тяжелом мне было рассказано вот о чем: чувствуя близкий конец, человек хотел помолиться перед смертью, но в бреду забыл слова молитвы…

Спиритический сеанс

Лишь в редких случаях, в каких-то небольших компаниях, могли возникать дебаты на научные темы. Один раз я даже присутствовал в лагере на спиритическом сеансе. Хотя профессионально это могло быть мне близким, раньше, в нормальной жизни, я с этим не сталкивался. Теперь главный врач лагеря, признавая во мне специалиста-психолога, пригласил меня на это в высшей степени секретное мероприятие, организованное в каком-то чуланчике при лазарете.

Собрался очень узкий круг, в том числе несколько унтер-офицеров санитарной службы, тоже, конечно, нелегально. Ведущий — один иностранный коллега — начал сеанс, вызывая духов каким-то подобием молитвы. Лазаретный писарь сидел перед листом бумаги, держа карандаш, но не имея намерения писать. И вдруг его карандаш стал медленно-медленно выводить какие-то линии, которые были прочитаны как «vae v». Тут же было сообщено, что писарь никогда не учил латинского языка и не слышал слов «vae victis!» — «горе побежденным!». Если меня спросят, как это возможно, отвечу, что, вероятно, он когда-нибудь все же слышал эти слова, они запечатлелись в его подсознании и в той ситуации, за несколько месяцев до окончания войны, они могли всплыть по подсказке «духа», но то был дух его собственного подсознания.

Уход в себя

Хотя лагерная действительность отбрасывала заключенного назад, к примитивности не только внешней, но и внутренней жизни, все же пусть изредка, пусть у немногих, но развивалось стремление уйти в себя, создать какой-то свой внутренний мир.

Чувствительные люди, с юных лет привыкшие к преобладанию духовных интересов, переносили лагерную ситуацию, конечно, крайне болезненно, но в духовном смысле она действовала на них менее деструктивно, даже при их мягком характере. Потому что им-то и было более доступно возвращение из этой ужасной реальности в мир духовной свободы и внутреннего богатства. Именно этим и только этим можно объяснить тот факт, что люди хрупкого сложения подчас лучше противостояли лагерной действительности, чем внешне сильные и крепкие.

Чтобы отчасти понять подобные внутренние переживания, подобное бегство внутрь себя, я вынужден вновь обратиться к личным воспоминаниям. Как это бывало — когда мы на рассвете шагали из лагеря на стройплощадку, на свои рабочие места? Звучит приказ: «Рабочая команда такая-то — шагом марш! Левой — два-три-четыре! Левой — два-три-четыре! Передние — ровней ряд! Левой! Левой! Левой! Снять шапки!»

Я вспоминаю, и эти слова звучат у меня в ушах. «Снять шапки!» означало, что мы проходим через лагерные ворота. Прожекторы направлены на нас. Тот, кто не шагает прямо, не держит равнение в своем ряду из пяти человек, может рассчитывать на удар сапогом. Как и тот, кто из-за нестерпимого холода отважится натянуть на голову шапку прежде, чем это будет разрешено. И вот в темноте мы идем дальше, спотыкаясь о большие камни, по огромным лужам, вдоль улицы, ведущей к лагерю. Конвоиры беспрестанно орут на нас, подталкивают ружейными прикладами. Тот, у кого раны на ногах болят особенно нестерпимо, опирается на чуть-чуть более крепкого товарища. Мы идем молча. Ветер режет лицо, не дает говорить. Мы уткнулись подбородками в поднятые воротники своих ветхих курток. И вдруг идущий рядом со мной бормочет: «Ты, слушай! Если бы наши жены нас сейчас видели! Надеюсь, что в их лагере все же получше… И они, надеюсь, даже не представляют себе, что тут с нами»…

…И предо мной возникает образ моей жены…

Когда отнято все…

Километр за километром мы с ним идем рядом, то утопая в снегу, то скользя по обледенелым буграм, поддерживая друг друга, слыша брань и понукания. Мы не говорим больше ни слова, но мы знаем: каждый из нас думает сейчас о своей жене. Время от времени я бросаю взгляд на небо: звезды уже бледнеют, и там, вдали, сквозь густые облака начинает пробиваться розовый свет утренней зари. А пред моим духовным взором стоит любимый человек. Моя фантазия сумела воплотить его так живо, так ярко, как это никогда не бывало в моей прежней, нормальной жизни. Я беседую с женой, я задаю вопросы, она отвечает. Я вижу ее улыбку, ее ободряющий взгляд, и — пусть этот взгляд бестелесен — он сияет мне ярче, чем восходящее в эти минуты солнце.

И вдруг меня пронзает мысль: ведь сейчас я впервые в жизни понял истинность того, что столь многие мыслители и мудрецы считали своим конечным выводом, что воспевали столь многие поэты: я понял, я принял истину — только любовь есть то конечное и высшее, что оправдывает наше здешнее существование, что может нас возвышать и укреплять! Да, я постигаю смысл того итога, что достигнут человеческой мыслью, поэзией, верой: освобождение — через любовь, в любви! Я теперь знаю, что человек, у которого нет уже ничего на этом свете, может духовно — пусть на мгновение — обладать самым дорогим для себя — образом того, кого любит. В самой тяжелой из всех мыслимо тяжелых ситуаций, когда уже невозможно выразить себя ни в каком действии, когда единственным остается страдание, — в такой ситуации человек может осуществить себя через воссоздание и созерцание образа того, кого он любит. Впервые в жизни я смог понять, что подразумевают, когда говорят, что ангелы счастливы любовным созерцанием бесконечного Господа.

...Идущий впереди меня падает, идущие за ним тоже не удерживаются на ногах. Конвоир уже здесь, он уже колотит нас, наводя порядок. За несколько секунд моя внутренняя созерцательная жизнь разрушена. Но душа снова способна воспарить, она снова вырывается из здешнего лагерного существования ввысь, по ту его сторону, и снова начинает диалог с любимой. Она спрашивает — я отвечаю, я спрашиваю — она отвечает.

«Стой!» — это мы прибыли на место. «Взять инструмент — кирку и лопату». И мы устремляемся в будку, чтобы успеть ухватить что-либо более сносное. «Быстрее! Быстрее, вы, свиньи!» И вот мы уже в котловане, каждый на том месте, где рыл вчера. Промерзшая земля плохо поддается, из-под кирки летят твердые комья, вспыхивают искры.

Мы еще не согрелись, все еще молчат. А мой дух снова витает вокруг любимой. Я еще говорю с ней, она еще отвечает мне. И вдруг меня пронзает мысль: а ведь я даже не знаю, жива ли она! Но я знаю теперь другое: чем меньше любовь сосредоточивается на телесном естестве человека, тем глубже она проникает в его духовную суть, тем менее существенным становится его «так-бытие» (как это называют философы), его «здесь-бытие», «здесь-со-мной-присутствие», его телесное существование вообще. Для того, чтобы вызвать сейчас духовный образ моей любимой, мне не надо знать, жива она или нет. Знай я в тот момент, что она умерла, я уверен, что все равно, вопреки этому знанию, вызывал бы ее духовный образ, и мой духовный диалог с ним был бы таким же интенсивным и так же заполнял всего меня. Ибо я чувствовал в тот момент истинность слов

Песни Песней: «Положи меня, как печать, на сердце твое… ибо крепка, как смерть, любовь» (8:6).

Медитации в канаве

Уход в себя означал для тех, кто был к этому способен, бегство из безрадостной пустыни, из духовной бедности здешнего существования назад, в собственное прошлое. Фантазия была постоянно занята восстановлением прошлых впечатлений. Причем чаще всего это были не какие-то значительные события и глубокие переживания, а детали обыденной повседневности, приметы простой, спокойной жизни. В печальных воспоминаниях они приходят к заключенным, неся им свет. Отворачиваясь от окружающего его настоящего, возвращаясь в прошлое, человек мысленно восстанавливал какие-то его отблески, отпечатки. Ведь весь мир, вся прошлая жизнь отняты у него, отодвинулись далеко, и тоскующая душа устремляется вслед за ушедшим — туда, туда… Вот едешь в трамвае; вот приходишь домой, открываешь дверь; вот звонит телефон, поднимаешь трубку; зажигаешь свет... Такие простые, на первый взгляд до смешного незначительные детали умиляют, трогают до слез.

Те, кто сохранил способность к внутренней жизни, не утрачивали и способности хоть изредка, хоть тогда, когда предоставлялась малейшая возможность, интенсивнейшим образом воспринимать красоту природы или искусства. И интенсивность этого переживания, пусть на какие-то мгновения, помогала отключаться от ужасов действительности, забывать о них. При переезде из Аушвица в баварский лагерь мы смотрели сквозь зарешеченные окна на вершины Зальцбургских гор, освещенные заходящим солнцем. Если бы кто-нибудь увидел в этот момент наши восхищенные лица, он никогда бы не поверил, что это — люди, жизнь которых практически кончена. И вопреки этому — или именно поэтому? — мы были пленены красотой природы, красотой, от которой годами были отторгнуты.

Или во время тяжкой работы в глубине баварского леса (здесь маскировали подземный военный завод) стоящий рядом товарищ вдруг скажет: «Смотри, как красиво солнце осветило эти стволы, похоже на одну акварель Дюрера — помнишь?» А однажды вечером, когда мы, смертельно усталые, с суповыми мисками в руках, уже расположились было на земляном полу, вдруг вбегает наш товарищ и буквально требует, чтобы мы, невзирая на всю усталость и весь холод, вышли на минутку: нельзя пропустить такой красивый закат! И когда мы вышли и увидели там, на западе, пылающую полосу неба и теснящиеся до самого горизонта облака причудливых форм и целой гаммы оттенков, от синестального до багрово-красного, алым блеском отражающегося в лужах плаца, среди столь контрастно унылых лагерных зданий, — когда мы увидели все это, то после минутного молчания кто-то сказал: «Как прекрасен мог быть мир!»

Монолог на рассвете

Или: ты стоишь в канаве, долбишь землю. Все кругом серо — серое небо, серый в слабом предутреннем свете снег, серые отрепья на стоящих рядом товарищах, и лица их — тоже серые. И ты снова ведешь свой мысленный диалог с любимым человеком, снова посылаешь свои жалобы небесам, снова, в тысячный раз, ищешь ответа на вопрос о смысле твоего страдания, твоей жертвы, твоего медленного умирания. Но вот в каком-то последнем порыве все в тебе восстает против безнадежности смерти, и ты чувствуешь, как твой дух прорывается сквозь этот серый туман, сквозь безнадежность и бессмысленность, и на твой вопрос «есть ли смысл?» откуда-то звучит твердое, ликующее «да!». И в этот момент в окошке деревенского дома, смутно виднеющегося вдали, похожего на театральную декорацию, вдруг зажигается огонек — et lux in tenebris lucet — «свет сияет во мраке».

И снова ты часами долбишь землю, и снова подходит конвоир, чтобы немного поиздеваться над тобой, и снова ты начинаешь свой диалог с любимой. И все больше ощущаешь ее присутствие, все явственнее чувствуешь: она рядом. И кажется, что можно к ней прикоснуться, что стоит протянуть руку — и ее рука протянется тебе навстречу. Вот — что это? Какая-то птичка беззвучно пролетела мимо, села на кучу выкопанной тобой земли и пристально, спокойно рассматривает тебя.

Искусство в концлагере

Поговорим об искусстве. Позвольте, искусство в концлагере? Возможно ли такое? Да, но, конечно, смотря что называть искусством.

Изредка, время от времени, устраивалось что-то вроде эстрадного концерта. Какой-нибудь барак прибирали почище, притаскивали туда пару скамеек, составляли «программу». И вечером сюда приходили те, кому в лагере жилось сравнительно не так уж плохо, — капо, лагерные рабочие, не входившие в обычные команды. Они приходили сюда, чтобы немного посмеяться, а может, и поплакать и во всяком случае хоть чуть-чуть отвлечься, забыться. Концерт был неприхотлив: пара спетых песенок, пара прочитанных стихотворений, разыгранных шуточных сценок. И представьте, это помогало! Настолько помогало, что и некоторые «непривилегированные» обычные заключенные, несмотря на всю усталость, рискуя даже упустить свой суп, приходили сюда.

Обладателям действительно хороших голосов можно было позавидовать. Поначалу был период, когда нам в обеденный перерыв давали суп (его без особых затрат оплачивала фирма, на которую мы работали). С началом перерыва мы шли в какой-нибудь недостроенный цех, у входа каждый получал черпак этого водянистого супа, и пока мы жадно хлебали его, певец, встав на какую-нибудь бочку, пел нам итальянские арии. И если мы от концерта получали только удовольствие, то он получал двойную порцию супа, причем «снизу», что означало — даже с горохом!

Вознаграждались не только исполнение, но и аплодисменты исполнителю — конечно, в зависимости от того, кем он был. Я, в частности, именно таким образом заслужил благоволение (к счастью, оно мне не понадобилось) того самого капо, которого в лагере не без оснований называли «капо-убийца». Произошло это так. Однажды вечером мне была оказана немыслимая «честь» — быть снова приглашенным в то помещение, где устраивался спиритический сеанс. Там собрались поболтать близкие главного врача лагеря, который сам был заключенным, и вновь там абсолютно нелегально присутствовал унтер-офицер санитарной службы. Когда случайно в помещение зашел тот самый капо, его попросили прочесть свои стихи, ибо его рифмоплетство было в лагере уже известно. Он не заставил себя уговаривать, тут же приволок тетрадь и стал зачитывать свои произведения. Мне при этом стоило больших усилий не расхохотаться, но сдержаться было необходимо: поскупись я на одобрения, это стоило бы мне жизни, если бы меня случайно назначили в его рабочую команду. Однажды я уже попал туда на один-единственный день, и этого дня мне вполне хватило... На всякий случай было полезно завоевать расположение этого зверского капо, и я аплодировал так энергично, как только мог, хотя то, что в любовных стихах капо-убийцы «любовь» постоянно рифмовалась с «кровью», а «страсть» — с «властью», было далеко не самым смешным.

Конечно же, подобные мероприятия в лагере несут в себе нечто гротескное — настолько все, что хоть немного относится к искусству, контрастирует с лагерной безысходностью, настолько странно звучит на ее мрачном фоне. Никогда не забуду вторую ночь пребывания в Аушвице. Невыносимо изнуренный, я уснул как будто глубоко. И вдруг был разбужен — чем же? Музыкой! Оказывается, староста блока, каморка которого находилась рядом со входом в барак, устроил у себя какой-то праздник. Пьяные голоса горланили модные песенки. Внезапно все стихло — и заиграла скрипка. Это было бесконечно печальное, редко исполняемое, неизбитое танго. Скрипка плакала, и вместе с ней плакало все во мне. Ведь в этот день одному человеку исполнилось 24 года. Этот человек тоже лежал сейчас в одном из бараков лагеря Аушвиц, значит, в паре тысяч или даже паре сотен метров от меня, но был недостижим. Это была моя жена.

Лагерный юмор

Если может показаться невероятным, что кто-то в лагере сохранил способность восхищаться природой, то еще более невероятным кажется то, что некоторые сохранили чувство юмора. Но не удивляйтесь. Пусть на какие-то минуты, пусть в каких-то особых ситуациях, но юмор — тоже оружие души в борьбе за самосохранение. Ведь известно, что юмор, как ничто другое, способен создать для человека некую дистанцию между ним самим и его ситуацией, поставить его над ситуацией, пусть, как уже говорилось, и ненадолго.

Одного моего друга и коллегу, с которым мы неделями работали рядом, я буквально тренировал, «натаскивал» на юмор. Однажды я предложил ему каждый день по очереди придумывать какую-нибудь забавную историю, какая может приключиться с нами после освобождения. Он был хирургом, ассистентом хирургического отделения большой клиники. Как-то я пытался рассмешить его рассказом о том, как он, вернувшись к прежней работе, не сможет избавиться от некоторых своих лагерных привычек. Предварительно надо упомянуть: когда в лагере во время работ ожидалось прибытие какого-нибудь более высокого начальника, надзирающий за нами, стремясь увеличить наш темп, подгонял нас резкими криками: «Живей! Живей! Живей!» И я рассказал моему товарищу, как однажды, когда он будет вести очень серьезную операцию на желудке, ворвется служитель и криками «Живей! Живей!» предупредит его о прибытии шефа. Иногда мои товарищи, мечтая о будущем — таком немыслимом, нереальном для нас будущем, придумывали что-нибудь забавное — вроде того, что в гостях нам предложат супу и мы станем просить хозяйку зачерпнуть со дна, чтобы попался горох или даже полкартофелины.

Волю к юмору, попытку видеть хоть что-то из происходящего в смешном свете можно рассматривать как род искусства жить. Возможность такой позиции обусловлена еще и тем, что жизнь в лагере была полна контрастов, которые высвечивали определенную относительность страданий. Своеобразное «заполнение» человеческой души страданием можно было бы сравнить с тем, что происходит, когда в какое-нибудь помещение попадает газообразное вещество. Как бы велико ни было это помещение, газ равномерно заполняет весь его объем. Так и страдание заполняет всю душу, овладевает всем сознанием, независимо от того, велико оно или мало. Выходит, что страдание может быть относительным, как, впрочем, относительна и радость. Ведь человеку подчас бывает достаточно и совсем малого, чтобы буквально прийти в восторг.

Мы ехали из Аушвица в Баварию, в один из филиалов лагеря Дахау. Все думали, что состав идет в Маутхаузен, и очень этого боялись. Напряжение росло по мере того, как мы приближались к мосту через Дунай, после которого, как нам разъяснили товарищи, имевшие более долгий опыт переездов, есть ответвление дороги, ведущее прямо в Маутхаузен. Кто не пережил ничего подобного, тот, наверно, не может представить себе той бурной радости, которая охватила нас после того, как мы миновали это место и убедились, что едем «всего лишь» в Дахау. Мы готовы были плясать от счастья — и это после двух дней и одной ночи мытарств в вагоне, где, как я уже говорил, приходилось многие часы ехать стоя; лишь ненадолго, по очереди, люди валились на мокрую от человеческой мочи солому.

Естественно, мы прибыли в лагерь более чем переутомленными. И все-таки радовались, потому что получили от здешних заключенных важнейшую информацию: в этом сравнительно небольшом лагере (его максимальная вместимость 2500 человек) нет «печки», то есть крематория, а значит, нет и газовой камеры. И стало быть, даже тот, кто полностью обессилел, попадет «в газ» не раньше, чем здесь сформируют новый транспорт в Аушвиц, — не сразу. Так что непосредственная угроза жизни миновала. Исполнилось-таки напутствие нашего аушвицкого старосты блока — он пожелал нам поскорее попасть в такой лагерь, где нет такого «камина», как в Аушвице! Да, мы радовались и даже шутили, несмотря на все, что произошло в ближайшие часы. При повторном пересчете выяснилось, что среди вновь прибывших одного не хватает. Мы всем строем должны были стоять на плацу, под дождем, под ветром, пока он не нашелся. В конце концов его обнаружили в бараке, где он упал и уснул от истощения. За эту его провинность мы все были наказаны: всю ночь, до следующего утра, измученные дорогой, промокшие и продрогшие, мы оставались на плацу. И вопреки всему мы были радостно возбуждены: здесь нет «камина», а Аушвиц далеко!

Мы завидуем арестантам

Вот один пример относительности страданий. Иногда, работая, мы видели проходивших мимо арестантов — заключенных обычной тюрьмы. И мы им завидовали. Завидовали их относительно упорядоченному, относительно защищенному существованию. «Им-то наверняка обеспечена хоть какая-то гигиена, у них есть банные дни», — думали мы с тоской.

У них, наверно, были зубные щетки, а может, даже одежные. У них были нары — у каждого свои! И они могли каждый месяц получать письма, они знали, что с их близкими, по крайней мере — живы ли они; а мы уже давно были лишены всего этого.

А как мы завидовали тем из нас, кому выпадала большая удача работать на какой-нибудь фабрике, в закрытом помещении! И как каждый надеялся тоже когда-нибудь получить такой спасительный шанс!

Есть и еще более тонкие градации относительности счастья. Ведь и работавшие на открытом воздухе были не в равных условиях. Кому-то приходилось хуже других, например тем, кто, стоя в скользкой глинистой грязи на крутом откосе, по 12 часов разгружал вагонетки. В этой команде ежедневно бывали несчастные случаи, и часто со смертельным исходом. Другие команды, не попасть в которые уже было счастьем, были известны прочной традицией битья заключенных или особой жестокостью надзирателей. Однажды я угодил в такую команду, где надзиратель решил специально «заняться» мной, и если бы не воздушная тревога, заставившая прервать работы, и последовавшее за ней новое перераспределение заключенных по работам, я наверняка вернулся бы в лагерь на тех санках, на которых утаскивали умирающих и мертвых. Каким вообще облегчением было в подобной ситуации услышать сирену воздушной тревоги — этого, наверное, не может себе представить даже боксер, которого удар гонга в последнюю секунду избавил от нокаута.

Счастье — это когда худшее обошло стороной

Мы были благодарны судьбе уже за малейшее облегчение, за то, что какая-то новая неприятность могла случиться, но не случилась. Мы радовались, например, если вечером, перед сном ничто не помешало нам заняться уничтожением вшей. Конечно, само по себе это не такое уж удовольствие, тем более что раздеваться донага приходилось в нетопленом бараке, где с потолка (внутри помещения!) свисали сосульки. Но мы считали, что нам повезло, если в этот момент не начиналась воздушная тревога и не вводилось полное затемнение, из-за чего это прерванное занятие отнимало у нас полночи.

Конечно, все это жалкие радости, это своего рода «негативное счастье», по Шопенгауэру, — отсутствие несчастья, да и то, как уже говорилось, сугубо относительное. Позитивные, истинные радости, даже незначительные, выпадали на нашу долю исключительно редко.

Однажды я свел некий баланс своих отрицательных и положительных переживаний, и получилось, что в течение многих недель я лишь дважды пережил мгновения истинной радости. Так, вернувшись однажды после работы в лагерь, я, вытерпев долгое ожидание, был впущен в кухонный барак и попал в очередь к повару Ф., тоже заключенному. Он стоял у большого котла, черпал половником суп и выливал его в миски, торопливо подставляемые проходящими мимо заключенными. И я был очень обрадован, увидев, что наливает он, не глядя на обладателя миски. Единственный из поваров, он распределял эту скудную еду поистине «невзирая на лица», не оделяя своих личных друзей или земляков более щедро, так, чтобы им досталась пара картофелин, а другим — пустая вода. Но я не намерен осуждать тех, кто старался помочь людям из своего ближайшего окружения. Кто бросит камень в человека, оказывающего предпочтение своим друзьям в ситуации, когда речь идет о жизни и смерти? Пусть желающий это сделать прежде со всем пристрастием спросит себя, как бы он поступил на их месте.

Но вернемся к относительности. Много времени спустя, уже после освобождения кто-то показал мне фотографию в иллюстрированной газете: группа заключенных концлагеря, лежащих на своих многоэтажных нарах и тупо глядящих на того, кто их фотографировал. «Разве это не ужасно — эти лица, все это?» — спросили меня. А я не ужаснулся. Потому что в этот момент предо мной предстала такая картина. Пять часов утра. На дворе еще темная ночь. Я лежу на голых досках в землянке, где еще почти 70 товарищей находятся на облегченном режиме. Мы отмечены как больные и можем не выходить на работы, не стоять в строю на плацу. Мы лежим, тесно прижавшись друг к другу — не только из-за тесноты, но и для того, чтобы сохранить крохи тепла. Мы настолько устали, что без необходимости не хочется шевельнуть ни рукой, ни ногой. Весь день, вот так лежа, мы будем ждать своих урезанных порций хлеба и водянистого супа. И как мы все-таки довольны, как счастливы! Вот снаружи, с того конца плаца, откуда должна возвращаться ночная смена, слышны свистки и резкие окрики. Дверь распахивается, в землянку врывается снежный вихрь, и в нем возникает засыпанная снегом фигура. Наш измученный, еле держащийся на ногах товарищ пытается сесть на краешек нар. Но старший по блоку выталкивает его обратно, потому что в эту землянку строго запрещено входить тем, кто не на «облегченном режиме». Как жаль мне этого товарища! И как я все-таки рад не быть в его шкуре, а оставаться в «облегченном» бараке. И какое это спасение — получить в амбулатории лагерного лазарета «облегчение» на два, а потом, вдобавок, еще на два дня!

В сыпнотифозный лагерь?

Но тогда мне посчастливилось еще больше. На четвертый день, когда мне предстояло выходить в ночную смену (что означало бы верную смерть), внезапно появился главный врач лагеря и предложил мне добровольно отправиться на врачебную работу в лагерь для больных сыпным тифом. Вопреки настойчивым советам моих друзей и доводам всех окружающих, я решил сейчас же согласиться. Я знал, что в любой другой команде я все равно скоро погибну. Так уж если умирать, пусть моя смерть имеет какой-то смысл. Мне представлялось, что для меня будет гораздо разумнее, если я успею хоть немного помочь моим товарищам как врач, чем буду медленно погибать, оставаясь здесь как в высшей степени непродуктивный землекоп, каким я стал к этому времени. Так что для меня это был трезвый расчет, а не героическая жертва. Унтер-офицер санитарной службы предупредил, что оба врача, согласившиеся ехать в этот лагерь, до отправки могут не выходить на работы, а оставаться на «облегченном режиме». Вероятно, наш вид был таков, что в ином случае он мог бы иметь в сыпнотифозном лагере не двух новых врачей, а два лишних трупа.

...Все это встало перед моим внутренним взором, когда я смотрел на фотографию. Я стал об этом рассказывать, пытаясь объяснить, почему я не ужаснулся, почему мог предположить, что люди, лежащие на нарах, еще не чувствовали себя самыми несчастными. Да потому, что существовало еще и гораздо худшее!

Мы уже говорили о том обесценивании, которому — за редкими исключениями — подвергалось все, что не служило непосредственно сохранению жизни. И этот пересмотр вел к тому, что в конце концов человек переставал ценить самого себя, что в вихрь, ввергающий в пропасть все прежние ценности, втягивалась и личность. Под неким суггестивным воздействием той действительности, которая уже давно ничего не желает знать о ценности человеческой жизни, о значимости личности, которая превращает человека в безответный объект уничтожения (предварительно используя, впрочем, остатки его физических способностей), — под этим воздействием обесценивается, в конце концов, собственное Я.

Человек, не способный последним взлетом чувства собственного достоинства противопоставить себя действительности, вообще теряет в концлагере ощущение себя как субъекта, не говоря уже об ощущении себя как духовного существа с чувством внутренней свободы и личной ценности. Он начинает воспринимать себя скорее как частичку какой-то большой массы, его бытие опускается на уровень стадного существования. Ведь людей, независимо от их собственных мыслей и желаний, гонят то туда, то сюда, поодиночке или всех вместе, как стадо овец. Справа и слева, спереди и сзади тебя погоняет небольшая, но имеющая власть, вооруженная шайка садистов, которые пинками, ударами сапога, ружейными прикладами заставляют тебя двигаться то вперед, то назад. Мы дошли до состояния стада овец, которые только и знают, что избегать нападения собак и, когда их на минутку оставят в покое, немного поесть. И подобно овцам, при виде опасности боязливо сбивающимся в кучу, каждый из нас стремился не оставаться с краю, попасть в середину своего ряда, в середину своей колонны, в голове и хвосте которой шли конвоиры. Кроме того, местечко в центре колонны обещало некоторую защиту от ветра. Так что то состояние человека в лагере, которое можно назвать стремлением раствориться в общей массе, возникало не исключительно под воздействием среды, оно было и импульсом самосохранения. Стремление каждого к растворению в массе диктовалось одним из самых главных законов самосохранения в лагере: главное — не выделиться, не привлечь по какому-нибудь малейшему поводу внимание СС!

Жажда одиночества...

Однако бывают минуты, когда просто необходимо уединиться. Постоянная жизнь на людях, на виду у товарищей по несчастью, каждый день, каждый час, даже при выполнении каких-то мелких житейских процедур, начинает тяготить, рождает настоятельную потребность хоть немного побыть одному. Это просто какая-то тоска по одиночеству, по возможности остаться наедине с самим собой, со своими мыслями.

Когда меня уже в Баварии перевели в так называемый «облегченный» лагерь, где во время эпидемии сыпного тифа дали наконец работу врача, я иногда имел счастливую возможность хоть на несколько минут погружаться в такое одиночество. Позади сыпнотифозного барака (то есть простой землянки, где лежали около пятидесяти лихорадящих, бредящих больных) рядом с двойной оградой колючей проволоки был маленький тихий уголок. Там с помощью нескольких колышков и срубленных веток было устроено нечто вроде шалаша, куда каждый день отволакивали по полудюжине трупов из нашего маленького «облегченного» лагеря. В этом углу был люк подземного водопровода, прикрытый деревянным щитом. Вот туда-то я и приходил посидеть на этом щите в те минуты, когда мог оставить барак. Присев на корточки, я часто смотрел сквозь сетку колючей проволоки на цветущие поля и голубеющие далекие холмы баварского пейзажа. Там я давал волю своей тоске, своим мечтам, оттуда улетал мыслями на север, на северо-восток, туда, где — я думал — находились те, кого я любил, но где сейчас я не видел ничего, кроме зловеще-причудливых облаков.

Завшивленные мертвецы, лежавшие рядом, не мешали мне. От мира мечтаний меня могли оторвать только шаги конвоира, прохаживавшегося вдоль проволоки, или голос, звавший меня получить новую порцию медикаментов, выделенных для моего карантинного барака. Обычно она состояла из пяти, а однажды даже десяти таблеток эрзац-аспирина или кардиозола — и это на несколько дней и на 50 больных! И с таким вот запасом медикаментов я начинаю делать «визиты» своим больным. Перехожу от одного к другому, считаю пульс, в тяжелых случаях даю половину таблетки, в самых тяжелых — не даю ничего (ибо лекарства уже бесполезны, и надо экономить их для тех, кому они, может быть, еще могут помочь), а в легких — ограничиваюсь добрым словом за неимением ничего лучшего. Так двигался я между нарами, сам до предела ослабевший и истощенный после перенесенного недавно тяжелого сыпного тифа. А потом снова шел в свой уголок и садился на крышку водопроводного люка — кстати, он однажды сохранил жизнь троим заключенным. Незадолго до освобождения начали формировать массовые эшелоны, по-видимому, в Дахау, и эти трое, пытаясь избежать такой участи, спрятались от лагерного конвоя, обыскивавшего всю территорию, в «моем» люке. Я в эти волнующие минуты сидел на его крышке, внешне вполне спокойный, и старательно не замечал шнырявших вокруг конвоиров. В первый момент они, казалось, что-то заподозрили и хотели поднять крышку, но я смотрел на них так чистосердечно, с такой сочувствующей миной, так невозмутимо бросал камешки, целясь в отверстия ограды, что они, задержав на мне взгляд, все-таки удалились. И скоро я смог сообщить туда, вниз, что главная опасность миновала.

Судьба играет человеком

Только тот, кто сам пережил лагерь, может представить себе, сколь неуклонно эта лагерная действительность вела к обесцениванию отдельной человеческой жизни. Даже самый отупевший заключенный не мог не осознавать это пренебрежение к индивидууму, к человеческому существу в ситуации, когда из лагеря отправляли больных. Изможденные тела буквально сваливали на двухколесные тачки, и те, кто был не намного сильнее, должны были их катить, иногда многие километры, на ветру, в дождь, в метель — всегда. Если кто-то из назначенных на отправку был уже мертв, в общую кучу сваливали и его: число должно соответствовать списку! Список — вот что важно, человек же важен лишь постольку, поскольку, мертвый или живой, он — номер. «Жизнь» этого «номера» ничего собой не представляет, и что стоит за этим номером — судьба, биография, имя — еще менее существенно.

В эшелоне больных, с которым я, как врач, переправлялся из одного баварского лагеря в другой, был юноша, оказавшийся здесь добровольно. Он не хотел расставаться со своим братом и так долго упрашивал старосту, что тот обменял его с кем-то другим номером, именем и фамилией. Нет ничего проще, только списки должны сходиться. Ведь, как уже говорилось, никаких документов у нас давно уже не было, и каждый в этом эшелоне был счастлив обладать одним лишь своим еле дышащим телом. А то, что еще облекало это тело, буквально тряпье, становилось уже областью интересов остающихся. С нескрываемым интересом, со знанием дела они осматривали эти полутрупы, выясняя, нет ли смысла взять здесь башмаки или куртку. Ведь судьба тех уже была предрешена, а остающимся, то есть хоть сколько-то работоспособным, еще могло пригодиться все, что повышало шансы выжить. Да, о сантиментах здесь речи не было…

Человек терял ощущение себя как субъекта не только потому, что полностью становился объектом произвола лагерной охраны, но и потому, что ощущал зависимость от чистых случайностей, становился игрушкой судьбы. Я всегда думал и утверждал, что человек начинает понимать, зачем то или иное случилось в его жизни и что было для него к лучшему, лишь спустя некоторое время, через пять или десять лет. В лагере же это иногда становилось ясно через пять или десять минут.

Уже в Аушвице я сформулировал для себя принцип, правильность которого обнаружилась уже скоро, и ее подтверждали впоследствии большинство моих товарищей: если тебя о чем-то спрашивают, следует отвечать по возможности правдиво, но о том, о чем не спрашивают, лучше молчать. На вопрос о возрасте я отвечаю правду, на вопрос о профессии отвечаю «врач», без уточнения специальности, если о ней отдельно не спросят. В первое утро в Аушвице на плац, где мы стояли, явился офицер СС, и начались перестановки. Те, кому нет сорока лет, должны стать сюда, те, кому за сорок, — туда! Скомандовали стать отдельно рабочим по металлу, автомеханикам и т. п. Потом нас, со спущенными брюками, осмотрели на предмет грыжи и некоторых отделили. Одну группу отвели в другой барак и снова пересортировали. Меня, после того как я кратко и четко ответил на вопросы: «возраст?», «профессия?», поставили в одну маленькую группу и отвели в следующий барак, где опять-таки начались перегруппировки. Это повторялось несколько раз, пока я не оказался в бараке с иностранцами, говорившими на непонятных мне языках, где почувствовал себя совершенно несчастным. И тут последовала еще одна, последняя сортировка — меня погнали в другой барак. И что я вижу? Да ведь здесь мои старые товарищи, мои земляки и коллеги, и это тот барак, откуда я вышел в самом начале! Вряд ли кто-то заметил, какой путь я проделал. А я подумал: сколько возможных вариантов судьбы коснулось меня, могло свершиться и не свершилось за эти считаные минуты.

Когда направляли уже упомянутый эшелон больных в «облегченный» лагерь, мое имя, то есть мой номер, значилось в списке, так как были нужны врачи. Но никто не был убежден в том, что эшелон действительно идет в «облегченный» лагерь. Похожий эшелон уже формировался несколько недель назад. И он пошел не в лагерь — он пошел в газовые камеры. И вдруг новое сообщение — желающих могут вычеркнуть из этого списка и направить в ночную смену, которой мы так боялись. На это тотчас вызвались 82 человека. Через четверть часа было объявлено: эшелон отменяется. Но те 82 были уже в списках ночной смены. Большинство из них погибли в ближайшие две недели.

Последнее желание, выученное наизусть

И вот снова формируется эшелон в «облегченный» лагерь. Теперь уже никто не знал — было ли это уловкой, чтобы выжать из больных людей последние силы? Пойдет ли теперь эшелон в газовые камеры? Или действительно в «облегченный» лагерь? Главный врач хорошо относился ко мне. И вечером, без четверти десять, он шепнул мне по секрету: «Я договорился, до десяти часов ты еще можешь вычеркнуть себя из списка». Я деликатно дал ему понять, что эта возможность меня не прельщает, что я всегда предпочитаю прямой путь, иными словами — что я полагаюсь на судьбу. «Я уж останусь возле моих больных товарищей», — сказал я. Он посмотрел на меня так сочувственно, точно предвидел мою гибель. И молча протянул мне руку, как бы прощаясь навсегда, до конца жизни — моей жизни.

Я медленно побрел в свой барак. На моем месте сидел, печально понурившись, один мой хороший друг.

— Ты правда хочешь с ними? — спросил он.

— Да, поеду...

Его глаза затуманились слезами. Я пытался его утешить. Мне надо было что-то сделать. И я сделал свое устное завещание.

«Слушай, Отто! Если я не вернусь домой, к жене, и если ты ее увидишь, ты скажешь ей тогда — слушай внимательно! Первое: мы каждый день о ней говорили — помнишь? Второе: я никого не любил больше, чем ее. Третье: то недолгое время, что мы были с ней вместе, осталось для меня таким счастьем, которое перевешивает все плохое, даже то, что предстоит сейчас пережить».

...Отто, где ты теперь? Жив ли ты? Что произошло с тобой после того последнего нашего задушевного разговора? Нашел ли ты свою жену? И помнишь ли, как тогда, несмотря на твои детские слезы, я заставил тебя слово за словом выучить наизусть мое завещание?

На следующее утро я отбыл с эшелоном. На сей раз это не было уловкой — эшелон пошел не в газовую камеру, а действительно в «облегченный» лагерь. А те, кто мне сочувствовал, остались в старом лагере, где с каждым днем голод становился еще более ужасающим, чем в моем новом лагере. Несколькими месяцами позже, уже после освобождения, я встретил заключенного из того, старого, лагеря. Он рассказал мне, что, будучи «лагерным полицейским», сам обнаружил в одном из котлов кусок мяса, кем-то отрезанный с трупа... В лагере начался каннибализм. Как, значит, своевременно успел я ускользнуть из этого ада! И как тут не вспомнить известную притчу о Смерти в Тегеране? Один знатный перс прогуливался однажды по саду в сопровождении слуги. И вот слуга, уверяя его, что видел сейчас Смерть, которая ему угрожала, стал умолять дать ему самого быстрого коня, чтобы он мог вихрем умчаться отсюда и вечером быть уже в Тегеране. Хозяин дал ему такого коня, и слуга ускакал. Возвращаясь домой, хозяин сам увидел Смерть и спросил: «Зачем ты так испугала моего слугу и угрожала ему?» «Вовсе нет, — ответила Смерть, — я не пугала его, я сама удивилась, что он еще здесь, ведь я должна встретиться с ним сегодня вечером в Тегеране».

План бегства

Заключенный постоянно ощущал себя игрушкой судьбы, и это ощущение — готовность положиться на волю судьбы — в сочетании со все увеличивающейся апатией, овладевавшей человеком в лагере, лишало инициативы, заставляло уклоняться от собственных решений, бояться их. Конечно, в лагерной жизни неизбежны ситуации, когда надо мгновенно, за считаные секунды что-то решать, и часто цена этого решения — жизнь или смерть. Но, в общем-то, отсутствие самой возможности принятия собственных решений оказывалось для заключенного даже предпочтительным. Стремление к уходу от собственных решений становилось особенно очевидным, если внезапно вставала дилемма — пытаться или не пытаться бежать. В такие минуты — а речь могла идти только о минутах — заключенный испытывал поистине адские муки. Рискнуть? Не рисковать?

Я сам прошел через это чистилище, полное внутреннего напряжения, когда благодаря приближению линии фронта передо мной мелькнула такая возможность. Один мой товарищ, который работал в бараке за пределами лагеря, решился на побег. И бежать он хотел обязательно со мной. Под предлогом консилиума у незаключенного, на котором я был необходим как специалист, мы могли бы выскользнуть из лагеря. А там, на воле, один законспирированный боец иностранного движения Сопротивления должен был снабдить нас формой и документами. Но в последний момент возникли технические препятствия, и нам пришлось вернуться в лагерь.

Мы постарались использовать эту задержку, чтобы добыть себе еще пару гнилых картофелин на дорогу и, что было для нас очень важно, рюкзак. С этой целью мы забрались в пустой барак женского лагеря, обитательниц которого срочно увезли куда-то. Там царил невообразимый беспорядок. Можно было предположить, что многие женщины покидали барак в спешке — кучами валялось тряпье, среди него — остатки засохшей еды, солома, черепки и еще вполне пригодные котелки —

предмет по лагерным понятиям очень ценный. Но их мы не взяли, потому что знали: в последнее время, когда лагерем начало овладевать полное отчаяние, эти котелки служили не только суповыми мисками. Их использовали и для умывания, и одновременно — как ночные горшки. (Существовал строжайший запрет держать в бараке что-либо специально для этих целей, хотя в некоторых случаях, например при сыпном тифе с высокой температурой, больные были просто не в состоянии без посторонней помощи дойти до уборной.) Итак, я стоял на страже, а мой товарищ проскользнул в опустевший барак. Через несколько минут он явился сияющий, показал мне спрятанный под курткой рюкзак и сообщил, что видел там еще один. Теперь он сторожит, а я ныряю в барак. Роюсь в тряпье, нахожу, кроме рюкзака, к моей величайшей радости, еще и старую зубную щетку и вдруг вижу среди этих брошенных, видимо, в горячке и спешке вещей женский труп…

Затем я возвращаюсь к себе в барак, чтобы собрать свое имущество: суповую миску, пару разодранных рукавиц, полученных в наследство от моего пациента, умершего от сыпного тифа, стопку клочков бумаги, на которых я, как уже говорилось, начал стенографическими знаками восстанавливать рукопись, погибшую в Аушвице. Затем я поспешно еще раз совершаю свои «визиты», обходя напоследок сначала правый, потом левый ряд своих пациентов, лежащих на досках по обеим сторонам прохода. Подхожу к моему единственному здесь земляку и застаю его уже почти умирающим. Свой план бегства я, конечно, должен держать в строгом секрете, но мне показалось, что он что-то учуял (возможно, я выглядел немного взволнованным). Во всяком случае, слабым голосом он спрашивает меня: «Ты тоже отбываешь?» Я говорю «нет» и отхожу. Но забыть его взгляд мне не так легко. Окончив «визиты», я снова подхожу к нему. И снова он смотрит на меня, и снова в его безнадежном взгляде мне чудится упрек. И во мне нарастает и усиливается то беспокойное чувство, которое зародилось еще в момент, когда я договаривался о совместном побеге: а ведь я нарушаю мой принцип — не искушать судьбу! Я внезапно вскакиваю, бегу к своему коллеге и объявляю: я остаюсь! И едва только я сообщил ему, что на меня не надо рассчитывать, едва только сам утвердился в мысли, что остаюсь здесь, с моими пациентами, как беспокойное, неприятное чувство мгновенно улетучилось. Не зная, что мне принесут ближайшие дни, но спокойный как никогда, я уверенно возвращаюсь в свой сыпнотифозный барак, сажусь в ногах у земляка, пробую утешить его, потом болтаю с другими, стараясь и их развлечь и успокоить.

...И пришел последний день нашего лагеря. В связи с приближением линии фронта почти всех заключенных массовыми эшелонами отправили в другие лагеря. «Верхушка» — капо, повара, кладовщики — разбежалась. Было объявлено, что к вечеру все обитатели лагеря (то есть последние остававшиеся заключенные и врачи) должны быть полностью эвакуированы, а ночью лагерь будет сожжен. К середине дня грузовики, на которых должны были увозить больных, еще не появились. Вместо этого лагерь вдруг был строжайше закрыт, у проволочных заграждений снова появилась охрана, так что никто уже не мог ускользнуть в кое-где проделанные дыры. Ситуация становилась тревожной: похоже, лагерь собирались сжечь вместе с теми, кто в нем еще оставался.

И мы с моим коллегой во второй раз решили бежать.

В тот день умерли еще трое, и нам было предписано захоронить их за пределами лагеря. Кроме нас двоих, здесь, пожалуй, уже не было никого, кто был бы в силах это сделать, — почти все лежали в бреду и лихорадке. Мы разработали такой план: вынося первый труп, мы незаметно прихватим один рюкзак, положив его в старое корыто, служившее и носилками, и гробом, со вторым трупом переправим другой рюкзак, а вынеся третий труп, исчезнем сами. Поначалу все шло гладко. Возле третьего трупа пришлось задержаться — мой коллега решил попробовать раздобыть где-нибудь кусок хлеба, чтобы, скрываясь в ближайшие дни в лесу, мы имели хоть какую-то еду. Я ждал. Минуты шли, я становился все нетерпеливее, а его все не было. Я уже представлял себе вкус свободы, я не мог больше ждать. Скорее туда, к линии фронта!

Только позднее мы узнали, насколько это могло быть опасно. Но до той опасности дело просто не дошло — потому что в тот самый момент, когда наконец появился мой товарищ, лагерные ворота вдруг широко распахнулись, и на плац медленно въехал шикарный, серебристого цвета автомобиль с большими красными крестами. Это прибыл представитель Международного Красного Креста, чтобы взять наш лагерь и его обитателей под свою защиту. Из автомобиля извлекают ящики с медикаментами, нам раздают сигареты, нас фотографируют — и всюду царит ликование! А нам с товарищем не надо больше рисковать, не надо искать спасения между линиями двух фронтов. Представитель Красного Креста разместился в деревенском доме поблизости от лагеря, чтобы и ночью быть на всякий случай наготове. Чего же теперь опасаться?

В этой радостной суете мы попросту забыли о третьем трупе. И вот теперь мы несем его, чтобы опустить в неглубокую могилу, которую смогли выкопать. Конвоир, сопровождающий нас и наблюдающий за нами, внезапно стал мягким, как воск. Он начинает понимать, что обстоятельства изменились, и ищет контакта с нами. Во всяком случае, он нам сочувствует, он присоединяется к нам, когда мы бросаем первые горсти земли на эти три трупа. Все огромнейшее нервное напряжение последних дней и часов нашего единоборства со смертью сказалось в краткой погребальной молитве, которую мы произносим. Слова, которыми мы молимся о мире, звучат так горячо, с такой страстью, с какой только могут они звучать в устах человека…

Так прошел этот день, последний день нашего лагеря, прошел в предвкушении свободы, в опережающем события чувстве, будто этой свободой мы уже обладаем. Но — нет! Вопреки заверениям представителя Красного Креста, что на основе соглашения лагерь не будет эвакуирован, ночью появились грузовики с эсэсовцами, передавшими приказ немедленно очистить лагерь. Последние оставшиеся здесь заключенные должны быть немедленно доставлены в центральный лагерь, откуда их в течение 48 часов переправят в Швейцарию, где обменяют на военнопленных.

Эсэсовцев, прибывших с грузовиками, не узнать — так дружески уговаривают они нас оставить всякий страх и радоваться полученному прекрасному шансу. И вот уже все, кто еще в силах карабкаться, карабкаются на грузовики, с трудом втаскивают туда больных и полностью ослабевших. Мы с коллегой, уже не пряча своих рюкзаков, стоим наготове. Для предпоследней машины отсчитаны 13 человек, мы предполагаем быть четырнадцатым и пятнадцатым, но главный врач почему-то нас обходит. Те 13 отъезжают, мы оба ошеломлены, разочарованы, озлоблены и, глядя на отбывающую машину, обращаемся к нему с упреками — а он оправдывается переутомлением и рассеянностью; да и к тому же он-де полагал, что мы все еще намерены бежать... Мы садимся, не снимая со спины рюкзаков, и вместе с несколькими оставшимися заключенными нетерпеливо ждем последнего грузовика. А его все нет и нет.

В конце концов мы укладываемся на освободившиеся нары лазаретного барака, полностью вымотанные нервотрепкой последних часов и дней, сменой надежд и разочарований — то возносивших нас к небесам, то повергавших в пучины смертельного отчаяния. Но мы готовы к отбытию: мы засыпаем, не раздеваясь и не сняв башмаков. Наш короткий сон прерывают звуки ружейной и артиллерийской стрельбы, отблески сигнальных ракет, свист пуль, то там, то тут пробивающих стену барака. Главный врач, вбежав, командует — всем лечь на пол, то есть на землю. Кто-то, спрыгнув с верхних нар, угодил ногами в ботинках прямо мне в живот. Теперь я проснулся окончательно! И ситуация проясняется — фронт уже здесь! Стрельба постепенно прекращается, на улице светает, и там, снаружи, на мачте у лагерных ворот развевается белый флаг…

И лишь неделями позже мы узнали, что тогда, буквально в последние часы, судьба вновь играла с нами и снова сделала крутой поворот. И мы убедились в том, как сомнительны могут быть человеческие решения, особенно когда речь идет о жизни и смерти. Как было не вспомнить снова притчу о Смерти в Тегеране, думая о наших товарищах, которые в ту ночь верили, что эти автомобили везут их к свободе! Через несколько недель передо мной лежали фотографии, сделанные в одном из маленьких лагерей недалеко от нашего. Моих пациентов привезли сюда, заперли в бараке и сожгли барак вместе с ними. Я видел на снимках их полуобугленные трупы…

Раздражительность

Как уже говорилось, человек в лагере настолько падает духом, им настолько овладевает апатия, что его душевная жизнь опускается на более примитивный уровень, превращая его в безвольную игрушку судьбы или объект произвола охранников, и это приводит в конечном счете к тому, что он начинает бояться принимать собственные решения, взять свою судьбу в свои руки. Эта апатия является не только механизмом душевной самозащиты. Она имеет и чисто телесные причины, так же как и повышенная раздражительность — одна из примечательных особенностей психики заключенного наряду с апатией. В ряду физиологических причин этого явления на первом месте стоят голод и недосыпание, которые, как всем известно, вызывают апатию и раздражительность и в нормальной жизни. В лагере же острейший дефицит сна был обусловлен еще и тем, что из-за невообразимой тесноты и отсутствия какой-либо гигиены бараки буквально кишели насекомыми.

К вызванным всем этим апатии и раздражительности добавлялось еще одно: отсутствие тех даров цивилизации, которые обычно способствовали смягчению этих состояний, — никотина и кофеина. Ввиду этого апатия и раздражительность только возрастали. К причинам телесного свойства, однако, добавлялись еще и психологические особенности душевного состояния заключенных в виде определенных «комплексов». Большинство заключенных отчетливо страдали от своеобразного чувства неполноценности. Каждый из нас был раньше «кем-то» или, во всяком случае, считал так. Здесь же с ним обращались так, будто он — буквально «никто». (Ясно, что лагерная ситуация не могла поколебать чувства собственного достоинства тех, у кого оно имело духовную основу, но многие ли в лагере, да и многие ли вообще обладают столь прочной духовностью?) Средний лагерник, не размышляя об этом и не осознавая этого полностью, тем не менее чувствовал себя деклассированным. Это чувство укреплялось контрастами, существовавшими в социальной структуре лагеря. Я имею в виду избранное меньшинство: капо, поваров, кладовщиков, «лагерных полицейских» — они компенсировали чувство неполноценности своим более высоким положением. Они ни в коей мере не чувствовали себя, подобно большинству, деклассированными, наоборот, они достигли здесь успеха. У них прямо-таки развивалась мания величия в миниатюре. Озлобленность и зависть большинства, вызываемые поведением этих «избранных», выражались по-разному, в том числе и в язвительных шутках. Рассказывался, к примеру, такой анекдот: двое говорят о третьем: «Я знал его, когда он был всего лишь председателем правления банка, а теперь он выпендривается так, будто уже стал капо».

Там, где это большинство деклассированных и меньшинство «избранных» вступали в конфликт, — а для этого было множество поводов, начиная с раздачи еды, — раздражительность достигала высшей точки и прорывалась наружу.

Та раздражительность, о различных телесных причинах которой мы говорили выше, усиливается ввиду психологических причин, аффективной заряженности, происходящей из комплексов. Неудивительно, что страсти быстро достигали высшей точки накала, что выливалось во всеобщую драку. Рефлекс, толкающий на разрядку аффекта гнева рукоприкладством, закреплялся еще и теми же самыми драками, которым обитатели лагеря постоянно были свидетелями. Признаться, мне самому известно, насколько иной раз «чешутся руки», когда голодного, невыспавшегося человека охватывает вспышка раздражения. В то время я постоянно недосыпал еще по одной причине. В сыпнотифозном бараке можно было топить маленькую печурку, но круглые сутки кто-нибудь должен был следить за тем, чтобы огонь не гас. Те, у кого сохранились еще малейшие силы, несли ночные дежурства. И это были, несмотря ни на что, самые идиллические часы — когда я, пока другие спали или что-то бормотали в лихорадочном бреду, лежал, растянувшись на земляном полу возле печки и пек на огне, разведенном на паре украденных брикетов, пару украденных картофелин... Но за это блаженство приходилось расплачиваться, чувствуя себя на следующий день еще более переутомленным, более невыспавшимся и раздраженным.

Тогда, незадолго до освобождения, я не только был врачом сыпнотифозного барака, но и замещал заболевшего старосту и потому отвечал перед лагерным начальством за чистоту барака — в той мере, в какой вообще в тех условиях можно было говорить о чистоте. Вся эта видимость чистоплотности не столько служила целям гигиены, сколько составляла для нас дополнительные мучения. Если бы дали чуть-чуть больше еды, больше медикаментов! Но нет, заботились о том, чтобы на проходе не лежало ни соломинки и чтобы изодранные, загаженные одеяла больных были в ногах выровнены в одну линию.

И как только объявлялось о предстоящей инспекции, я начинал нервничать: как бы начальник, открыв дверь и бросив беглый взгляд внутрь барака, не узрел какой-нибудь злосчастной соломинки, упавшей с нар, какой-нибудь пылинки золы возле печки или чего-нибудь в этом роде. А что касается судьбы людей, обитающих в этой дыре, то он вполне удовлетворялся тем, что я, содрав со своей обритой головы лагерный берет и составив пятки вместе, бойко и громко докладывал: «Барак номер такой-то, больных сыпным тифом — 52, ухаживающих — 2, врач — 1».

На этом все кончалось, инспектирующий удалялся. Но ведь приходил он обычно на несколько часов позднее, чем предполагалось, — или вообще не приходил. И все это время я должен был выравнивать одеяла, следить, чтобы не упала в проход соломинка, покрикивать на этих бедняг, способных в последний момент разрушить красоту, с таким трудом мной созданную. Из-за безразличия и апатии, умноженных болезнью, они реагировали только на резкий крик, но и он подчас не действовал, и приходилось всеми силами сдерживаться, чтобы не шлепнуть кого-нибудь, — ибо сам я был в высшей степени напряжен из-за собственной усталости, их равнодушия и той опасности, которую могла нести инспекция.

Внутренняя свобода

Представленная здесь попытка психологического описания и психопатологического объяснения типичных черт характера, которые формировались у заключенного за годы пребывания в лагере, может создать впечатление, будто состояние человеческой души неумолимо и однозначно зависит от окружающих условий. Ведь, казалось бы, в лагерной жизни своеобразная социальная среда принудительно определяет поведение людей. Но против этого можно с полным правом выдвинуть возражения, задать вопрос: а как же тогда быть с человеческой свободой? Разве не существует духовной свободы, самоопределения, отношения к заданным внешним обстоятельствам? Неужели человек действительно не более чем продукт многочисленных условий и воздействий, будь то биологические, психологические или социальные? Не более чем случайный результат своей телесной конституции, предрасположенностей своего характера и социальной ситуации? И в особенности: разве реакции заключенных действительно свидетельствуют о том, что люди не могли уклониться от воздействий той формы бытия, в которую были насильственно ввергнуты? Что человек вынужден был полностью подчиняться этим влияниям? Что «под давлением обстоятельств», господствовавших в лагере, он «не мог иначе»?

На эти вопросы есть ответы как фактические, так и принципиальные. Фактические основаны на моем опыте — ведь сама жизнь в лагере показала, что человек вполне «может иначе». Есть достаточно много примеров, часто поистине героических, которые показывают, что можно преодолевать апатию, обуздывать раздражение. Что даже в этой ситуации, абсолютно подавляющей как внешне, так и внутренне, возможно сохранить остатки духовной свободы, противопоставить этому давлению свое духовное Я. Кто из переживших концлагерь не мог бы рассказать о людях, которые, идя со всеми в колонне, проходя по баракам, кому-то дарили доброе слово, а с кем-то делились последними крошками хлеба? И пусть таких было немного, их пример подтверждает, что в концлагере можно отнять у человека все, кроме последнего — человеческой свободы, свободы отнестись к обстоятельствам или так, или иначе. И это «так или иначе» у них было. И каждый день, каждый час в лагере давал тысячу возможностей осуществить этот выбор, отречься или не отречься от того самого сокровенного, что окружающая действительность грозила отнять, — от внутренней свободы. А отречься от свободы и достоинства значило превратиться в объект воздействия внешних условий, позволить им вылепить из тебя «типичного» лагерника.

Нет, опыт подтверждает, что душевные реакции заключенного не были всего лишь закономерным отпечатком телесных, душевных и социальных условий, дефицита калорий, недосыпа и различных психологических «комплексов». В конечном счете выясняется: то, что происходит внутри человека, то, что лагерь из него якобы «делает», — результат внутреннего решения самого человека. В принципе от каждого человека зависит, что, даже под давлением таких страшных обстоятельств, произойдет в лагере с ним, с его духовной, внутренней сутью: превратится ли он в «типичного» лагерника или останется и здесь человеком, сохранит свое человеческое достоинство.

Достоевский как-то сказал: я боюсь только одного — оказаться недостойным моих мучений. Эти слова вспоминаешь, думая о тех мучениках, чье поведение в лагере, чье страдание и сама смерть стали свидетельством возможности до конца сохранить последнее — внутреннюю свободу. Они могли бы вполне сказать, что оказались «достойны своих мучений». Они явили свидетельство того, что в страдании заключен подвиг, внутренняя сила. Духовная свобода человека, которую у него нельзя отнять до последнего вздоха, дает ему возможность до последнего же вздоха наполнять свою жизнь смыслом. Ведь смысл имеет не только деятельная жизнь, дающая человеку возможность реализации ценностей творчества, и не только жизнь, полная переживаний, жизнь, дающая возможность реализовать себя в переживании прекрасного, в наслаждении искусством или природой. Сохраняет свой смысл и жизнь — как это было в концлагере, — которая не оставляет шанса для реализации ценностей в творчестве или переживании. Остается последняя возможность наполнить жизнь смыслом: занять позицию по отношению к этой форме крайнего принудительного ограничения его бытия. Созидательная жизнь, как и жизнь чувственная, для него давно закрыта. Но этим еще не все исчерпано. Если жизнь вообще имеет смысл, то имеет смысл и страдание. Страдание является частью жизни, точно так же, как судьба и смерть. Страдание и смерть придают бытию цельность.

Для большинства заключенных главным был вопрос: переживу я лагерь или нет? Если нет, то все страдания не имеют смысла. Меня же неотступно преследовало другое: имеет ли смысл само это страдание, эта смерть, постоянно витающая над нами? Ибо если нет, то нет и смысла вообще выживать в лагере. Если весь смысл жизни в том, сохранит ее человек или нет, если он всецело зависит от милости случая — такая жизнь, в сущности, и не стоит того, чтобы жить.

Судьба — подарок

В том, как человек принимает для себя неизбежную судьбу и вместе с нею все страдания, которые она ему посылает, открывается, даже в самых тяжелых ситуациях и в последние минуты жизни, множество возможностей придать жизни смысл. Это зависит от того, сохранит ли человек силу духа, достоинство и самоотверженность или же в до предела заостренной борьбе за самосохранение утратит свою человечность и полностью превратится в стадное животное, о котором нам напоминает психология узников концлагеря; от того, осуществил человек или утратил те ценностные возможности, которые предоставили ему его ситуация страдания и его тяжелая судьба, от того, оказался ли он «достоин своих мучений» или нет.

Не стоит думать, что эти рассуждения далеки от реальных возможностей заключенного. Конечно, лишь немногие, лишь редкие люди способны достигать таких высот; лишь немногие сохраняли в лагере свою внутреннюю свободу, возвышаясь до осуществления тех ценностей, которые раскрывает страдание. Но если бы этому был даже один-единственный пример, он все равно служил бы доказательством того, что внутренне человек может быть сильнее своих внешних обстоятельств. И не только в концлагере. Человек всегда и везде противостоит судьбе, и это противостояние дает ему возможность превратить свое страдание во внутреннее достижение. Подумаем, к примеру, о больных людях, особенно о неизлечимо больных. Я прочел как-то письмо одного пациента, относительно молодого человека, в котором он делился со своим другом печальной новостью — он только что узнал, что никакая операция ему больше не поможет и что жить ему осталось недолго. А дальше он пишет, что в этот момент вспомнил один давно виденный фильм, герой которого спокойно, отважно, достойно шел навстречу своей смерти. Тогда, под свежим впечатлением, он подумал: умение так встретить смерть — это просто «подарок небес». И теперь судьба дала ему такой шанс…

Когда-то, много лет назад, мы смотрели фильм «Воскресение» по Толстому и тоже думали: «Вот высокие судьбы, вот великие люди. Ну а наш брат не таков — нам не дана такая великая судьба, не суждены такие взлеты». Впрочем, после окончания сеанса мы пошли в кафе и за чашкой хорошего кофе с бутербродами позабыли наши метафизические рассуждения, занявшие нас на один миг. Но когда сам встаешь лицом к лицу со своей судьбой, когда тебе самому надо решать, сможешь ли ты противопоставить ей силу своего духа или нет — тогда забываешь всякую театральность…

Для кого-то из нас, может быть, настал момент, когда он снова сидел в кинозале и смотрел такой или подобный фильм, разворачивавшийся на экране. А перед его духовным взором память прокручивала другой ролик — о людях, реально в своей жизни осуществивших то, о чем пыталась рассказать трогательная кинодрама, и даже гораздо большее. И, может быть, ему вспоминались детали той или иной человеческой истории. Вот, например, история смерти одной молодой женщины, заключенной концлагеря, свидетелем которой мне пришлось быть. История проста, здесь много не расскажешь, и все-таки она звучит возвышенно.

Женщина знала, что ей предстоит умереть в ближайшие дни. Но, несмотря на это, она была душевно бодра. «Я благодарна судьбе за то, что она обошлась со мной так сурово, потому что в прежней своей жизни я была слишком избалована, а духовные мои притязания не были серьезны», — сказала она мне, и я запомнил это дословно.

Перед самым своим концом она была очень сосредоточенной.

«Это дерево — мой единственный друг в моем одиночестве», — прошептала она, показывая на окно барака. Там был каштан, он как раз недавно зацвел, и, наклонившись к нарам больной, можно было разглядеть через маленькое оконце одну зеленую ветку с двумя соцветиями-свечками.

«Я часто разговариваю с этим деревом». Эти ее слова меня смутили, я не знал, как их понять. Может быть, это уже бред, галлюцинации? Я спросил, отвечает ли ей дерево и что оно говорит, и услышал в ответ: «Оно мне сказало: “Я здесь, я здесь, я — здесь, я — жизнь, вечная жизнь”».

Анализ временного существования

Хотя мы уже говорили о том, что деформация внутренней жизни заключенного в концлагере зависела не только от психофизических причин, а в конечном итоге — от внутренней установки самого заключенного, это требует дальнейших пояснений. Психологические наблюдения показали, что, помимо всего прочего, лагерная обстановка влияла на изменения характера лишь у того заключенного, кто опускался духовно и в чисто человеческом плане. А опускался тот, у кого уже не оставалось больше никакой внутренней опоры. Но зададим теперь вопрос: в чем могла и должна была заключаться такая опора?

По единодушному мнению психологов и самих заключенных, человека в концлагере наиболее угнетало то, что он вообще не знал, до каких пор он будет вынужден там оставаться.

Не существовало никакого срока! Даже если этот срок еще мог обсуждаться (в нашем лагере он был вообще вне обсуждения), он был неопределенным настолько, что практически становился не просто неограниченным, а вообще безграничным. Один из психологов, указавший на это, определил жизнь в лагере как «временное существование». Дополним эту формулировку: существование заключенных в концлагере можно определить как «бессрочное временное существование».

Вновь прибывавшие в лагерь не знали толком о принятых здесь порядках; возвращавшиеся должны были молчать, а из определенных лагерей вообще никто никогда не возвращался. И у каждого вошедшего в лагерные ворота все разыгрывалось по одному и тому же внутреннему сценарию: с концом неопределенности приходила неопределенность конца. Невозможно было предвидеть, когда же придет конец здешнему существованию и придет ли он вообще.

Латинское слово «finis» имеет, как известно, два значения: конец и цель. Человек, который не в состоянии предвидеть конец этого его временного существования, тем самым не может и направить жизнь к какой-то цели. Он уже не может, как это вообще свойственно человеку в нормальных условиях, ориентироваться на будущее, что нарушает общую структуру его внутренней жизни в целом, лишает опоры. Сходные состояния описаны в других областях, например у безработных. Они тоже в известном смысле не могут твердо рассчитывать на будущее, ставить себе в этом будущем определенную цель. У безработных горняков психологические наблюдения выявили подобные деформации восприятия того особого времени, которое психологи называют «внутренним временем» или «переживанием времени».

В лагере это было так: маленький отрезок времени — день, заполненный придирками и понуканиями, — казался бесконечным. А больший отрезок, скажем, неделя, во всем однообразии ее дней, проходил, казалось, необычайно быстро. И когда я говорил, что в лагере день длится дольше, чем неделя, мои товарищи соглашались со мной. Таким парадоксальным было это тревожное переживание времени.

В этой связи можно вспомнить сходную психологическую ситуацию, изображенную в романе Томаса Манна «Волшебная гора». Душевное состояние людей, находящихся в туберкулезном санатории, нарушено, потому что они тоже не знают, когда смогут выйти оттуда, они тоже не могут ориентироваться на какую-то цель в будущем, они так же «лишены будущего», как и заключенные в концлагере. Один заключенный, которому в свое время пришлось долго брести в составе длинной колонны новоприбывших с вокзала в лагерь, рассказывал мне, что у него при этом было такое ощущение, будто он идет за собственным гробом. «Безбудущность» настолько глубоко вошла в его сознание, что он воспринимал всю свою жизнь только под углом зрения прошлого, как уже прошедшее, как жизнь уже умершего. Но это ощущение себя «живым трупом» усугублялось другими особенностями лагерного существования. Неограниченность срока пребывания в концлагере, замкнутость в нем в конце концов делали мир по ту сторону колючей проволоки настолько далеким и недоступным, что он расплывался и терял свою реальность. Нормальная жизнь, люди там, за проволокой, выглядели в восприятии заключенного как нечто призрачное. Он смотрел на этот мир так, как мог бы умерший смотреть «оттуда» — сюда, на землю, время от времени испытывая чувство, что нормальный мир утрачен для него.

Внутренняя жизнь заключенного, не имеющего опоры на «цель в будущем» и потому опустившегося, приобретала характер какого-то ретроспективного существования. Мы уже говорили в другой связи о тенденции возвращения к прошлому, о том, что такая погруженность в прошлое обесценивает настоящее со всеми его ужасами. Но обесценивание настоящего, окружающей действительности таит в себе и определенную опасность — человек перестает видеть хоть какие-то, пусть малейшие, возможности воздействия на эту действительность. А ведь отдельные героические примеры свидетельствуют, что даже в лагере такие возможности иногда бывали. Обесценивание реальности, сопутствующее «временному существованию» заключенных, лишало человека опоры, заставляя окончательно опуститься, пасть духом — потому что «все равно все впустую». Такие люди забывают, что самая тяжелая ситуация как раз и дает человеку возможность внутренне возвыситься над самим собой.

Вместо того чтобы рассматривать внешние тяготы лагерной жизни как испытание своей духовной стойкости, они относились к своему настоящему бытию как к чему-то такому, от чего лучше всего отвернуться, и, замкнувшись, полностью погружались в свое прошлое. И жизнь их шла к упадку. Конечно, немногие способны среди ужасов концлагеря достичь внутренних высот. Но такие люди были. Им удавалось при внешнем крушении и даже в самой смерти достичь такой вершины, которая была для них недостижима раньше, в их повседневном существовании.

Ну а нам, заурядным, обычным «средним» лагерникам, пожалуй, подошло бы высказывание Бисмарка, который однажды заметил, что в жизни — как в кресле у зубного врача: все время кажется, что главное еще будет, а оно уже позади. Перефразируя, можно сказать, что большинство людей в лагере полагали, что все их возможности самоосуществления уже позади, а между тем они только открывались. Ибо от самого человека зависело, во что он превратит свою лагерную жизнь — в прозябание, как у тысяч, или в нравственную победу — как у немногих.

Спиноза как воспитатель

Ясно, что любая попытка психотерапевтической или даже профилактической коррекции психологических отклонений, возникавших у заключенного, должна была быть направлена прежде всего на то, чтобы вопреки лагерной действительности снова обратить его к будущему, к какой-то значимой для него цели в этом будущем. Некоторые люди сами инстинктивно пытались поддерживать себя этим. У большинства было что-то, что их поддерживало, и в большинстве случаев это «что-то» находилось в будущем. Человеку вообще свойственно ориентироваться на будущее, существовать в его свете, как бы sub specie aeternitatis*, применяя латинское выражение. К этому просвету в будущем, к попытке заглянуть в будущее он прибегает в свои самые тяжелые минуты. Иногда это становится своего рода трюком, спасительной уловкой. И что касается меня самого, то я могу вспомнить вот такое переживание.

Морозным днем, под ледяным ветром я ковылял в своей колонне из лагеря на рабочую

* С точки зрения вечности (лат.).

площадку, чуть не плача от боли в ногах, распухших, покрытых язвами и потому втиснутых в незашнурованные ботинки. Ум мой был неотступно занят тысячами проблем нашего жалкого существования: что можно будет съесть сегодня вечером? Если дадут ломтик колбасы, то не лучше ли поменять его на кусок хлеба? Что сделать с последней оставшейся от «премии» сигаретой? Может быть, обратить ее в миску супа? И где раздобыть кусок проволоки для закрепления ботинок вместо той, что уже изломалась? И попаду ли я сейчас в свою привычную рабочую группу, или отправят в какую-нибудь другую, да еще с лютым, постоянно рукоприкладствующим бригадиром? И что бы такое предпринять, чтобы наладить хорошие отношения с тем капо, который может помочь мне достигнуть невероятного счастья — остаться работать в самом лагере и не делать дважды в день этого жуткого марша? Мне самому уже противно, что под давлением жестокой необходимости меня ежедневно, ежечасно одолевают только такие вопросы. И вот тут-то я использую свой прием: в следующее мгновение я вижу себя стоящим на кафедре в большом, ярко освещенном, красивом, теплом зале. Я делаю доклад — и публика, сидящая передо мной в уютных, мягких креслах, заинтересованно слушает. А говорю я о психологии в концентрационном лагере. И все, что угнетает и мучит меня сейчас, как-то объективируется для меня, видится уже с высоты научного анализа… Этот прием помогает мне подняться мысленно над действительностью, рассматривать ее так, будто она уже в прошлом, уже миновала, а сам я со своими страданиями стал уже объектом интереснейших психологических исследований, мною самим предпринятых.

Как говорил Спиноза в своей «Этике»? «Affectus, qui passio est — desinit esse passio simulatque eius claram distinctam formamus ideam»*. Тот, кто не верит в будущее, в свое будущее, тот в лагере погиб. Он лишается духовной опоры, он позволяет себе опуститься внутренне, а этому душевному упадку сопутствует телесный. Это происходит иногда внезапно, в форме какого-то кризиса, признаки которого хорошо знакомы сколько-нибудь опытным лагерникам. И мы все боялись уви-

* «Аффект, составляющий пассивное состояние, перестает быть им, как скоро мы образуем ясную и отчетливую идею его» (Спиноза. Этика. М.; Л.: Соцэкгиз, 1932, V, 3).

деть — не столько у себя, ибо это было бы уже неотвратимо, сколько у своих друзей — начало такого кризиса. Обычно это выглядело так: однажды человек остается неподвижно лежать в бараке; он не одевается, не идет умываться, не идет на построение. Его невозможно поднять — он не реагирует ни на просьбы, ни на угрозы, ни на удары. Ничто на него не действует, ничто не пугает. И если толчком к этому кризису послужила болезнь, все равно — он не хочет идти в лазарет, не хочет, чтобы его туда отвели; он вообще ничего уже не хочет. Он лежит в собственной моче и экскрементах, но даже это его не трогает.

Связь между этим опасным для жизни душевным упадком и утратой чувства будущего стала для меня очевидной при весьма драматических обстоятельствах. Староста блока — достаточно известный иностранный композитор и либреттист — однажды доверительно сказал мне:

— Слушай, доктор, я хочу тебе кое-что рассказать. Мне тут приснился примечательный сон. Какой-то голос сказал мне, что я могу узнать все, что захочу, надо только задать свой вопрос. И знаешь, что я спросил? Я спросил, когда для меня кончится война. Понимаешь — для меня! Это значит — когда нас освободят, когда кончатся наши мучения…

— И когда же ты видел этот сон? — спросил я.

— В феврале 1945-го. (А разговор наш происходил в начале марта.)

— Ну и что этот голос тебе ответил?

— Он ответил: 30 марта, — тихо, таинственно прошептал мой собеседник.

В тот момент он был еще полон надежд и даже уверенности в том, что этот «голос» был пророческим. Но предсказанный срок приближался, а просачивавшиеся в лагерь вести делали маловероятным предположение, что к 30 марта фронт приблизится к нам и сделает возможным наше освобождение. 29 марта у этого человека резко поднялась температура. 30 марта, в тот самый день, когда по предсказанию «голоса» для него должна была кончиться война, он начал тяжело бредить и потерял сознание. 31 марта он умер — от сыпного тифа.

Для того, кто знает, какая связь существует между душевным состоянием человека и иммунитетом организма, достаточно ясно, какие фатальные последствия может иметь утрата воли к жизни и надежды. Мой товарищ умер в конечном счете от того, что жестокое разочарование ослабило его защитные силы и он не смог больше противостоять инфекции, которая и до того была очень распространена. Иссякла его вера в будущее и устремленность к нему — и организм сдался болезни. Так трагически исполнилось пророчество: «для него» война кончилась...

Это единичное наблюдение и сделанные из него выводы совпадают с более общими данными, на которые обратил внимание наш главный врач. В неделю между Рождеством и Новым, 1945 годом смертность в лагере была особенно высокой, причем, по его мнению, для этого не было таких причин, как особое ухудшение питания, ухудшение погоды или вспышка какой-то новой эпидемии. Причину, по его мнению, надо искать в том, что огромное большинство заключенных почему-то питали наивную надежду на то, что к Рождеству они будут дома. Но, поскольку надежда эта рухнула, людьми овладели разочарование и апатия, снизившие общую устойчивость организма, что и привело к скачку смертности.

Мы уже говорили о том, что каждая попытка духовно восстановить, «выпрямить» человека снова и снова убеждала, что это возможно сделать, лишь сориентировав его на какую-то цель в будущем. Девизом всех психотерапевтических и психогигиенических усилий может стать мысль, ярче всего выраженная, пожалуй, в словах Ницше: «У кого есть “Зачем”, тот выдержит почти любое “Как”». Надо было в той мере, в какой позволяли обстоятельства, помочь заключенному осознать свое «Зачем», свою жизненную цель, а это дало бы ему силы перенести наше кошмарное «Как», все ужасы лагерной жизни, укрепиться внутренне, противостоять лагерной действительности. И наоборот: горе тому, кто больше не видит жизненной цели, чья душа опустошена, кто утратил смысл жизни, а вместе с ним — смысл сопротивляться. Такой человек, утративший внутреннюю стойкость, быстро разрушается. Фраза, которой он отклоняет все попытки подбодрить его, типична: «Мне нечего больше ждать от жизни».

Что тут скажешь? Как возразишь?

Задать вопрос о смысле жизни

Вся сложность в том, что вопрос о смысле жизни должен быть поставлен иначе. Надо выучить самим и объяснить сомневающимся, что дело не в том, чего мы ждем от жизни, а в том, чего она ждет от нас. Говоря философски, тут необходим своего рода коперниканский переворот: мы должны не спрашивать о смысле жизни, а понять, что этот вопрос обращен к нам — ежедневно и ежечасно жизнь ставит вопросы, и мы должны на них отвечать — не разговорами или размышлениями, а действием, правильным поведением. Ведь жить — в конечном счете значит нести ответственность за правильное выполнение тех задач, которые жизнь ставит перед каждым, за выполнение требований дня и часа.

Эти требования, а вместе с ними и смысл бытия у разных людей и в разные мгновения жизни разные. Значит, вопрос о смысле жизни не может иметь общего ответа. Жизнь, как мы ее здесь понимаем, не есть нечто смутное, расплывчатое — она конкретна, как и требования ее к нам в каждый момент тоже весьма конкретны. Эта конкретность свойственна человеческой судьбе: у каждого она уникальна и неповторима. Ни одного человека нельзя приравнять к другому, как и ни одну судьбу нельзя сравнить с другой, и ни одна ситуация в точности не повторяется — каждая призывает человека к иному образу действий. Конкретная ситуация требует от него то действовать и пытаться активно формировать свою судьбу, то воспользоваться шансом реализовать в переживании (например, наслаждении) ценностные возможности, то просто принять свою судьбу. И каждая ситуация остается единственной, уникальной и в этой своей уникальности и конкретности допускает один ответ на вопрос — правильный. И коль скоро судьба возложила на человека страдания, он должен увидеть в этих страданиях, в способности перенести их свою неповторимую задачу. Он должен осознать уникальность своего страдания — ведь во всей Вселенной нет ничего подобного; никто не может лишить его этих страданий, никто не может испытать их вместо него. Однако в том, как тот, кому дана эта судьба, вынесет свое страдание, заключается уникальная возможность неповторимого подвига.

Для нас, в концлагере, все это отнюдь не было отвлеченными рассуждениями. Наоборот, такие мысли были единственным, что еще помогало держаться. Держаться и не впадать в отчаяние даже тогда, когда уже не оставалось почти никаких шансов выжить. Для нас вопрос о смысле жизни давно уже был далек от того распространенного наивного взгляда, который сводит его к реализации творчески поставленной цели. Нет, речь шла о жизни в ее цельности, включавшей в себя также и смерть, а под смыслом мы понимали не только «смысл жизни», но и смысл страдания и умирания. За этот смысл мы боролись!

Страдание как подвиг

После того как нам открылся смысл страданий, мы перестали преуменьшать, приукрашать их, то есть «вытеснять» их и скрывать их от себя, например, путем дешевого, навязчивого оптимизма. Смысл страдания открылся нам, оно стало задачей, покровы с него были сняты, и мы увидели, что страдание может стать нравственным трудом, подвигом в том смысле, какой прозвучал в восклицании Рильке: «Сколько надо еще перестрадать!» Рильке сказал здесь «перестрадать», подобно тому как говорят: сколько дел надо еще переделать.

Да, нам пришлось много «перестрадать». Поэтому следовало смотреть в лицо страданиям, рискуя не выдержать, рискуя не сдержать слез. Да и не надо было стыдиться таких слез — они свидетельствовали о том, что у человека есть высшее мужество — мужество страдать. Впрочем, такое понимание было у немногих, большинство со смущением признавались в том, что «снова плакали». Один мой товарищ на вопрос, как ему удалось избавиться от голодных отеков, ответил: «Я их выплакал…»

Ожидание

Попытки психотерапии и психогигиены в концентрационном лагере были либо индивидуальными, либо коллективными. Что касается индивидуальной психотерапии, то она часто диктовалась жестокой необходимостью, жизненными показаниями: надо было предотвратить самоубийство. В лагере было строго запрещено спасать самоубийц, например обрезать веревку повесившегося. Тем более важными были предупредительные меры.

Два случая, которые я вспоминаю, не только могут послужить примером практического применения изложенного выше хода мыслей, они также обнаруживают и примечательную схожесть. Речь идет о двух мужчинах, которые в своих разговорах выражали намерение покончить с собой. Оба объясняли его одинаково и вполне типично: «Мне больше нечего ждать от жизни». И все-таки удалось доказать каждому из них: жизнь чего-то ждет от него самого, что-то важное ждет его в будущем. И действительно, оказалось, что одного ждал на чужбине его обожаемый ребенок. Другого не ждал никто персонально, но его ждало дело. Он был ученым, готовил и издавал серию книг; она осталась неоконченной. Сделать эту работу вместо него не мог бы никто, в ней он был, собственно говоря, так же незаменим, как отец незаменим для своего ребенка. Единственность, уникальность, присущие каждому человеку, определяют и смысл каждой отдельной жизни. Неповторим он сам, неповторимо то, что именно он может и должен сделать — в своем труде, в творчестве, в любви. Осознание такой незаменимости формирует чувство ответственности за собственную жизнь, за то, чтобы прожить ее всю, до конца, высветить во всей полноте. Человек, осознавший свою ответственность перед другим человеком или перед делом, именно на него возложенным, никогда не откажется от жизни. Он знает, зачем существует, и поэтому найдет в себе силы вытерпеть почти любое «как».

Слово, сказанное вовремя

Меньше всего возможностей было, конечно, для коллективной психотерапии. И гораздо больше, чем слово, действовал здесь пример. Был у нас один староста блока — не похожий на других, достаточно человечный. Он оказывал глубокое влияние на заключенных, ободрял их своей собственной стойкостью и силой духа. Его поведение было убедительнее слов. Но бывали обстоятельства, когда и слово становилось действенным, вызывало внутренний отклик, рождало ответное эхо. Я вспоминаю один случай, который вызвал у обитателей барака готовность к чему-то вроде общей беседы, приобретшей психотерапевтическое значение.

Это был скверный день. Только что на плацу нам было объявлено, что многие наши поступки будут отныне расцениваться как саботаж и наказываться немедленным повешением. К списку таких преступлений относилось теперь очень многое, например отрезание узких полосок от наших ветхих одеял — что мы часто делали (эти полоски служили нам подобием обмоток для утепления ног). Само собой, саботажем считалось и малейшее «воровство». А за несколько дней до этого один полумертвый от голода заключенный пробрался в картофельный бункер, пытаясь разжиться парой килограммов картофеля. «Взлом» был обнаружен, и от заключенных потребовали, чтобы они сами установили «преступника», иначе весь лагерь на целый день будет лишен еды. Естественно, 2500 заключенных предпочли лучше поголодать, чем увидеть своего товарища повешенным.

К вечеру этого дня мы все лежали на нарах, и настроение у нас было особенно плохое. Мы мало говорили, каждое слово раздражало. А тут еще свет погас, и наше раздражение достигло предела. И тогда староста, человек умный, завел разговор о том, что, пожалуй, втайне было в мыслях у каждого: о наших товарищах, которые в последние дни умерли от болезней или наложили на себя руки. Он сказал, что, видимо, в основе всех этих смертей лежал отказ от противостояния, отказ от самих себя. Он хотел знать наше мнение об этом — и о том, можно ли как-нибудь предотвратить новые жертвы, защитить людей от такого самоуничтожения. И он обратился ко мне. Видит Бог, я вовсе не был в том состоянии духа, когда хочется давать научные разъяснения, утешать кого-то, оказывать врачебную психотерапевтическую помощь. Мне тоже было до жути голодно и холодно, я тоже был слаб и раздражен. Но я был обязан как-то собраться с силами и не упускать этой необычной возможности: моим товарищам по бараку утешение было сейчас необходимее, чем когда-либо.

Врачевание души

Итак, я начал, и начал с того, что участь каждого из нас выглядит неутешительной и что каждый может для себя рассчитать, как мала для него вероятность выжить. Эпидемия сыпного тифа тогда еще не разыгралась, и все же, на мой взгляд, такая вероятность была равна примерно пяти процентам. И я сказал это людям! Но я сказал им и то, что лично я, несмотря на это, не потерял надежды и не собираюсь складывать оружие. Ведь никто не знает своего будущего, не знает, что ему может принести следующий час. Хотя не приходится в ближайшее время ждать каких-то сенсационных событий на фронте, кто, как не мы, с нашим лагерным опытом, знает, что хотя бы кому-то одному может совершенно неожиданно, вдруг, выпасть спасительный шанс. Например, попасть в команду с лучшими условиями работы — это всегда было мечтой заключенного, его высшим счастьем.

Но я говорил не только о будущем, которое, к счастью, для нас погружено в неизвестность, не только о настоящем со всеми его страданиями, но и о прошлом со всеми его радостями, с его светом, мерцающим во тьме наших сегодняшних дней. Я цитировал слова поэта: «То, что ты переживаешь, не отнимут у тебя никакие силы в мире». То, что мы осуществили в полноте нашей прошедшей жизни и ее опыта, — это наше внутреннее богатство, которое никто и ничто не может у нас отнять.

Это относится не только к тому, что мы пережили, но и к тому, что мы сделали, ко всему тому возвышенному, о чем мы думали, к тому, что мы выстрадали, — все это мы сохраним в реальности раз и навсегда. И пусть это миновало — это сохранено для вечности! Ведь быть в прошлом — это тоже своего рода бытие, притом самое надежное.

А дальше я заговорил о самых разных возможностях наполнить свою жизнь смыслом. (Мои товарищи лежали тихо, не шевелясь, только изредка раздавались вздохи.) О том, что человеческая жизнь всегда и при любых обстоятельствах имеет смысл и что этот смысл охватывает также страдания, нужду и смерть. И я просил этих бедняг, внимательно слушавших меня в кромешной тьме барака, смотреть в лицо ужаснейшему положению — и все-таки не отчаиваться, все-таки сознавать, что даже при всей безнадежности нашей борьбы она все равно имеет свой смысл, несет в себе свое достоинство!

«На каждого из нас, — говорил я, — в эти часы, которые, может быть, для многих уже становятся последними часами, кто-то смотрит сверху требовательным взглядом — друг или женщина, живой или мертвый. Или — Бог. И он ждет от нас, что мы его не разочаруем, что мы не будем жалкими, что мы сумеем сохранить стойкость и в жизни, и в смерти...»

И, наконец, я говорил о нашей жертве — что она в любом случае имеет смысл. Ведь суть жертвы в том, что в этом мире — мире успеха — она не приводит ни к какому результату, будь то жертва ради политической идеи или ради другого человека.

«Религиозные люди легко поймут меня» — и это я тоже сказал. Я поведал им историю моего товарища, который в самом начале лагерной жизни заключил «договор» с небесами: пусть любые его страдания и его смерть станут той ценой, которую он платит за то, чтобы смерть любимого человека стала легкой. И для него страдания и смерть перестали быть бессмысленными, они наполнились высоким смыслом. Да, он не хотел мучиться и умирать просто так. И мы этого тоже не хотим!

Внушить людям этот последний смысл нашего существования здесь — в этом бараке и сейчас — в этой ситуации — такова была цель моих стараний. И, кажется, я ее достиг. Внезапно под одной из балок вновь вспыхнула электрическая лампочка, и я увидел моих товарищей, собравшихся вокруг моих нар, — немощных, в жалких отрепьях. И я увидел на их глазах слезы…

Но сейчас я должен признать, что не часто находил в себе внутренние силы для такого тесного духовного контакта с товарищами по несчастью и наверняка какие-то возможности упустил.

Психология лагерной охраны

Прежде чем мы обратимся к психологической характеристике последней фазы психологических реакций заключенных — фазы освобождения, зададим отдельный вопрос, занимающий психологов вообще и, в частности, тех из них, кто сам пережил лагерь: вопрос о психологии лагерной охраны. Как это возможно, чтобы обычные люди, из плоти и крови, могли делать с другими людьми то, что они делали? Да и те, кто впервые слышал о трагедиях концлагерей, спрашивали: возможно ли это чисто психологически? Чтобы ответить на этот вопрос, не входя в подробности, надо сказать следующее:

во-первых, среди охранников в лагере были безусловные садисты, в строгом клиническом смысле этого слова. Во-вторых, таких садистов специально отбирали, когда было нужно составить очень жестокую команду. Мы уже говорили о том, что в огромной массе заключенных в более выгодном положении оказывались крайне эгоистичные, жестокие личности, побеждавшие в борьбе за выживание, становившиеся помощниками помощников, слугами палачей. К их негативному отбору в лагере добавлялся еще естественный отбор садистов.

Что доставляло удовольствие садисту? Вот, к примеру, в сильнейший мороз, совершенно не защищенные от холода своей жалкой одеждой, мы работаем на открытом воздухе, в котловане. Правда, нам разрешено по очереди, примерно раз в два часа несколько минут погреться у походной железной печурки, которую топят здесь же собранными сучьями и ветками. Для нас эти минуты, конечно, большая радость. Но всегда находился какой-нибудь бригадир, надсмотрщик, который самолично запрещал это и пинком сапога отшвыривал в снег печурку со всем ее благостным теплом. И по выражению его лица было видно, какое наслаждение он получает, лишая нас возможности погреться. И если кто-то из эсэсовцев мог считать, что ему не к лицу заниматься чем-либо подобным, то у него всегда находились подчиненные, специализирующиеся на издевательствах, которые делали это совершенно беспрепятственно.

В-третьих, надо заметить, что большую часть лагерной охраны составляли люди, просто отупевшие от тех огромных доз садизма, ежедневными свидетелями которого они оставались годами. Эти закосневшие в своем относительно благополучном существовании люди не были, впрочем, ярыми садистами в своих владениях, но против садизма других они, конечно, не возражали.

В-четвертых, не умолчим вот о чем: и среди наших стражей были «саботажники». Я хочу упомянуть только начальника того лагеря, где я находился в последний период и из которого был освобожден, — эсэсовца. После освобождения лагеря выяснились обстоятельства, о которых раньше знал только главный врач, тоже заключенный: этот начальник тратил немалые деньги из своего собственного кармана, чтобы приобретать в аптеке ближайшего селения лекарства для заключенных. Эта история имела продолжение. После освобождения заключенные-евреи спрятали эсэсовца от американских солдат и заявили их командиру, что они выдадут этого человека только при условии, что ни один волос не упадет с его головы. Командир дал им в этом слово офицера, и только тогда ему был представлен этот эсэсовец. Американское командование снова назначило его начальником лагеря, и он организовывал для нас питание и сбор одежды среди населения окрестных деревень.

А староста этого лагеря, заключенный, был более жестоким, чем все эсэсовцы, вместе взятые. Он бил заключенных где, когда и сколько мог, в то время как начальник лагеря, насколько мне известно, ни разу не поднял руки на «своих» лагерников.

Из этого следует вот что: если мы говорим о человеке, что он — из лагерной охраны или, наоборот, из заключенных, этим сказано еще не все. Доброго человека можно встретить везде, даже в той группе, которая, безусловно, по справедливости заслуживает общего осуждения. Здесь нет четких границ! Не следует внушать себе, что все просто: одни — ангелы, другие — дьяволы. Напротив, быть охранником или надсмотрщиком над заключенными и оставаться при этом человеком вопреки всему давлению лагерной жизни было личным и нравственным подвигом. С другой стороны, низость заключенных, которые причиняли зло своим же товарищам, была особенно невыносима. Ясно, что бесхарактерность таких людей мы воспринимали особенно болезненно, а проявление человечности со стороны лагерной охраны буквально потрясало. Вспоминаю, как однажды надзиравший за нашими работами (не заключенный) потихоньку протянул мне кусок хлеба, сэкономленный из собственного завтрака. Это тронуло меня чуть не до слез. И не столько обрадовал хлеб сам по себе, сколько человечность этого дара, доброе слово, сочувственный взгляд.

Из всего этого мы можем заключить, что на свете есть две «расы» людей, только две! — люди порядочные и люди непорядочные. Обе эти «расы» распространены повсюду, и ни одна человеческая группа не состоит исключительно из порядочных или исключительно из непорядочных; в этом смысле ни одна группа не обладает «расовой чистотой»! То один, то другой достойный человек попадался даже среди лагерных охранников.

Лагерная жизнь дала возможность заглянуть в самые глубины человеческой души. И надо ли удивляться тому, что в глубинах этих обнаружилось все, что свойственно человеку. Человеческое — это сплав добра и зла. Рубеж, разделяющий добро и зло, проходит через все человеческое и достигает самых глубин человеческой души. Он различим даже в бездне концлагеря.

Мы изучили человека так, как его, вероятно, не изучило ни одно предшествующее поколение. Так что же такое человек? Это существо, которое всегда решает, кто он. Это существо, которое изобрело газовые камеры. Но это и существо, которое шло в эти камеры, гордо выпрямившись, с молитвой на устах.

ФАЗА ТРЕТЬЯ: ПОСЛЕ ОСВОБОЖДЕНИЯ

А теперь коснемся третьей фазы лагерной жизни, третьего раздела нашего психологического очерка о концлагере — психологии освобожденного лагерника. Описание этих переживаний никак не может быть безличным. И я хочу вернуться к той главе, где было рассказано, как после нескольких дней величайшего напряжения мы увидели над лагерем белый флаг. Душевное напряжение сменилось расслабленностью. Но ошибается тот, кто думает, что среди нас воцарилась радость.

Как же это было на самом деле? Вялыми, медленными шагами плетемся мы к лагерным воротам; нас буквально ноги не держат. Пугливо оглядываемся, вопросительно смотрим друг на друга. Делаем первые робкие шаги за ворота… Странно, что не слышно окриков, что нам не грозит удар кулака или пинок сапогом. О нет, теперь все иначе! Конвоиры предлагают нам сигареты. Да их вообще не узнать, конвоиров, — они успели переодеться в гражданское платье. Медленно бредем дальше, по подъездной дороге. Ноги так болят, что, кажется, вот-вот перестанут служить. Но мы тащимся вперед, нам хочется в первый раз увидеть окрестности лагеря, вернее, в первый раз увидеть их глазами свободного человека. И вот мы выходим на волю. «На волю, на волю», — повторяем мы мысленно. И все-таки не можем этого как следует осознать. За годы тоски по воле, за годы, когда она так обманчиво манила нас всех, само это понятие как-то потеряло реальность, поблекло. Оно утратило определенность, оно противоречит реальности. Сегодняшняя действительность еще не вошла как следует в сознание.

Добираемся до луга. Видим цветы. Все это как бы принимается к сведению, но все еще не вызывает чувств. Первая маленькая искорка радости вспыхивает, когда нам на глаза попадается петух с роскошным ярким опереньем. Но она остается всего лишь искоркой. Мы еще безучастны. Садимся на скамью под каштаном. Что выражают наши лица? Бог знает! Ведь весь этот мир пока не производит на нас никакого впечатления…

Вечером все снова в своей землянке. Люди подходят друг к другу и потихоньку спрашивают: «Ну скажи, ты сегодня радовался?» И тот, к кому обращались, отвечал: «Откровенно говоря, нет». Отвечал смущенно, думая, что он один такой. Но такими были все. Люди разучились радоваться. Оказывается, этому еще предстояло учиться.

То, что испытали освобожденные лагерники, в психологическом аспекте можно определить как выраженную деперсонализацию. Все воспринималось как иллюзорное, ненастоящее, казалось сном, в который еще невозможно поверить. Ведь часто, слишком часто в последние годы мы видели подобные сны. Снилось, что этот день настал, что можно идти куда хочешь. Бывало, видишь, что ты уже вернулся домой, поздоровался с друзьями, обнял жену и теперь сидишь за столом и рассказываешь обо всем, что было, даже об этих снах, и радуешься, что теперь наконец это не сон. Как вдруг три пронзительных свистка над ухом, означающие беспощадное «Подъем!», вырывают тебя оттуда, из волшебного сна, даровавшего тебе эту вожделенную свободу… И что же, теперь надо все-таки поверить? Теперь свобода действительно стала действительностью?

Но это действительно так. Тело очнулось раньше, чем душа. И с первого часа, когда это стало возможно, мы начали есть. Нет — жрать! Ели без конца, часами, целый день, даже ночью. Когда кто-нибудь из доброжелательных окрестных жителей приглашал лагерника, он ел, он пил кофе — и вдруг у него развязывался язык, и он начинал рассказывать, рассказывать без конца, часами… Вдруг «отпускает» тяжесть, давившая человека годами. Было впечатление, будто тебя толкает какой-то внутренний импульс, заставляя освободиться, «выговориться» (мне рассказывали, что нечто сходное происходит с людьми и после кратковременного, но сильного напряжения, например, после допросов в гестапо).

Проходят дни, много дней, прежде чем «развяжется» не только язык, но и освободится что-то внутри, и внезапно почувствуешь, что в душе у тебя рухнул какой-то барьер, с нее упали какие-то оковы. И вот идешь полем, просторным полем; высоко над тобой носятся в небесах ласточки, и ты слышишь их ликующее щебетание. Людей не видно. Ничего нет вокруг, только цветущий простор, и небо, и ласточки в нем. И тогда замедляешь шаги, останавливаешься, оглядываешься вокруг — и падаешь на колени. Ты не так много знаешь в это мгновенье о себе самом и об окружающем мире, но в твоем сознании всплывают слова молитвы, только они: «Из теснин воззвал я к Господу, и ответил мне Господь, и вывел меня на простор…»

Память не сохранила, как долго стоял ты на коленях, как долго повторял эти слова. Но в этот день, в этот час началась твоя новая жизнь — это тебе известно. И ты, шаг за шагом, вступаешь в эту жизнь, снова становишься человеком.

«Отпустило…»

Путь от величайшего душевного напряжения последних дней к освобождению души отнюдь не был простым и беспрепятственным. И ошибаются те, кто думает, что освобожденный из лагеря уже не нуждается в духовной поддержке. Человеку, долгое время испытывавшему такое чудовищное психологическое давление, каким было заключение в концлагере, даже после освобождения — и именно из-за внезапности этого освобождения — еще грозит опасность душевного свойства. Это некое психологическое подобие кессонной болезни. Если кессонному рабочему, резко покинувшему свою подводную камеру, грозят телесные расстройства, то у резко освобожденного от психологического давления могут, в известной обстановке, возникать расстройства душевные.

Следует отметить, что натуры примитивные в этой фазе все еще продолжали жить категориями власти и насилия и начинали считать, что теперь они, уже будучи освобождены, сами вольны, не задумываясь, бесконтрольно применять ту же власть, то же насилие. Для них, в сущности, изменилось только одно: из объектов произвола и несправедливости они превратились в субъектов этого же — с той разницей, что они помнили, что им пришлось пережить. Такое настроение проявлялось иногда даже в самых незначительных мелочах. Однажды мы с моим товарищем шли через поле обратно в лагерь. И в каком-то месте перед нами оказался засеянный участок с молодыми всходами. Я непроизвольно сворачиваю в сторону, чтобы не затоптать их, но он хватает меня за руку и тащит прямо. Я не понимаю его, я принимаюсь объяснять, что нельзя же топтать молодые посевы. И тут он приходит в ярость — его глаза сверкают, он свирепо глядит на меня и кричит: «Что ты там лепечешь? А у нас что, мало отняли? У меня жену и ребенка удушили газом, об остальном я уже не говорю! А ты боишься растоптать пару колосков!»

Очень скоро удается внушить таким людям ту простую истину, что никто не вправе вершить бесправие, даже тот, кто от бесправия пострадал, и пострадал очень жестоко. Но надо над этим работать, надо добиваться, чтобы им открылась истина, ибо иначе последствия могут быть гораздо более серьезными, чем потрава нескольких колосков. У меня стоит перед глазами тот товарищ из нашего лагеря, который, засучив рукав и суя мне под нос свою правую ладонь, яростно кричал: пусть мне отрубят вот эту руку, если я не заставлю их кровью харкать! А ведь по сути он был неплохой парень, больше того — надежный товарищ и во время заключения, и позже.

Душевными деформациями освобожденному лагернику угрожает еще и другое: разочарование и горечь, которые он может испытать, вернувшись домой. С горечью видит он, какие изменения произошли за это время в той, прежней его жизни, в прежней среде. Если для него при встрече не находят большего, чем банальные фразы, пожимания плеч, ему трудно бывает преодолеть горькую мысль — зачем, собственно говоря, я все это вытерпел... Когда он слышит что-то вроде «а мы ничего не знали» или «нам тут тоже было плохо», он спрашивает себя: неужели это действительно все, что ему могут сказать?

Но иначе обстоят дела, если главным переживанием становится разочарование. Здесь дело уже не просто в конкретных людях, равнодушием или жестокостью которых можно пренебречь, замкнувшись и не желая больше ни знать таких людей, ни слышать о них. Нет, здесь другое. Испытывая разочарование, человек чувствует себя игрушкой судьбы. Годами он считал, что познал уже всю мыслимую глубину страдания, — теперь же он видит, что погружаться в него можно все глубже и глубже.

Мы уже говорили о том, что человек должен быть направлен на какую-то цель в будущем, что он должен помнить о том, что его ждет жизнь, ждет человек. А теперь? А теперь многим из них приходится убедиться, что их никто уже не ждет.

Горе тому, кто не найдет в живых любимого человека, мысль о котором единственная поддерживала его в лагере. Горе тому, кто тысячи раз мечтал о моменте возвращения, если этот момент окажется совсем не таким. Да, он садится в трамвай, да, он подъезжает к дому, да, он нажимает кнопку звонка — точно так, как он себе это тысячи раз представлял. Но открывает ему не тот, кто должен был открыть, — тот больше уже никогда не откроет…

Все в лагере знали и говорили друг другу: нет на свете такого счастья, которое возместило бы все, что мы пережили. О счастье не было речи. То, что нас поддерживало, что давало смысл нашим страданиям, жертвам и самой смерти, не было счастьем. И все-таки на несчастье мы не рассчитывали. Разочарования, которые судьба послала многим бывшим заключенным, переносились ими тяжело и с точки зрения врачебной вызывали трудно преодолимые состояния. Психотерапевта подобные трудности не должны обезоруживать. Наоборот, они дают стимул, ставят задачу.

Так или иначе, но однажды для каждого освобожденного наступает день, когда он, оглядываясь на все пережитое, делает открытие: он сам не может понять, как у него хватило сил выстоять, вынести все то, с чем он столкнулся. И если было время, когда свобода казалась ему прекрасным сном, то наступает и время, когда все пережитое в лагере он вспоминает, как кошмарный сон. И главным его достижением становится то несравненное чувство, что теперь он уже может не бояться ничего на свете — кроме своего Бога.

Памяти
покойного отца

СИНХРОНИЗАЦИЯ В БИРКЕНВАЛЬДЕ

Метафизическая конференция

Действующие лица:

Бенедикт (Барух) Спиноза
Сократ
Иммануил Кант
Капо
Франц
Карл
Фриц
Эрнст
Пауль
Мать
Черный ангел
Унтершарфюрер
Место — данный театр
Время — данное представление

Пустая сцена перед занавесом. Все три философа в костюмах своего времени. Кант в парике.

СПИНОЗА (*записывая*). Секретарь — Бенедикт де Спиноза.

СОКРАТ. И точное время тоже надо указать.

КАНТ. Стоп! Я протестую! Как вы себе это представляете — точное время? Что вы имеете в виду? Среднеевропейское? Обычное? Летнее? Или еще какое? Я уже вижу, господа, что моему трансцендентальному критицизму грозит забвение…

СПИНОЗА. Извините, господин профессор, я его не забыл.

СОКРАТ. Я тоже. Пожалуйста, не обижайтесь, но я скажу, что обо мне так думать не следовало.

КАНТ. Но вы вообще знаете, что я имею в виду?

СОКРАТ. Безусловно! Пространство и время — только формы сознания.

КАНТ. Почему же вы этого не придерживаетесь, если знаете?

СОКРАТ. Но я сам — живое доказательство того, что придерживаюсь!

КАНТ. Не понимаю.

СОКРАТ. Как же! Я, живший в Древней Греции, знаю вашу «Критику чистого разума» чуть ли не наизусть!

КАНТ. Ах так? Ну-ну, хотелось бы верить.

СОКРАТ. Он, Барух Спиноза, и я — мы... как это говаривалось когда-то, когда мы еще рисковали нашей земной жизнью? — мы пребываем в «Вечности». Теперь — в вечности...

СПИНОЗА. Тонкий парадокс!

СОКРАТ. ...Потому что вечность — не что иное, как одновременность.

КАНТ. Это по Августину?

СОКРАТ. Ну, трудно сказать, у кого — от кого...

СПИНОЗА. Каждому из нас случалось заботиться о приоритете. Ну а теперь, здесь, у нас нет речи о «раньше» или «позже», нет у нас первых, нет вторых.

СОКРАТ. Ведь мы пребываем в вечности.

СПИНОЗА. Скорее, вечность пребывает с нами.

КАНТ. Ну ладно, все это не ново. Но я еще раз спрашиваю, как это пришло вам в голову — говорить о точной дате?

СОКРАТ. Но, господин профессор, как же нам добиться, чтобы люди это поняли: вечность — временность — одновременность?!

КАНТ. Вы правы...

СПИНОЗА. Да, он прав, господин профессор!

КАНТ. Пожалуйста, продолжайте протокол, господин Спиноза.

СОКРАТ. Господин профессор, я все-таки прошу слова.

Кант одобрительно кивает.

СОКРАТ (*встает, откашливается*). Господа, я должен вам сказать — так просто не может дальше продолжаться с людьми. Что-то должно произойти! Вам трудно себе представить, как сегодня живут на Земле. Вера почти мертва — всякая вера. Сегодня больше не верят даже политической пропаганде. Никто не верит другим, никто не верит самому себе. И прежде всего — никто не верит в идею!

КАНТ (*вполголоса*). Идеи только направляют.

СПИНОЗА (*вполголоса*). Первая идея — это Бог.

СОКРАТ. Не будем спорить о словах, не будем спорить о понятиях. Ведь вы же прекрасно знаете, что я имею в виду: вопрос, великий вопрос — бытие человека! Все поставлено на карту! Две мировые войны полностью разрушили мораль.

СПИНОЗА. Господин профессор, он не ошибается. Задумайтесь о последствиях. Массы не верят больше ни во что. А те немногие, которые знают, что делать, или думают, что знают, имеют теперь полную свободу действий. И они употребляют ее во зло, они дурачат людей, ведут их по ложному пути!

КАНТ. Хорошо, но что нам делать?

СОКРАТ. Помочь людям! Кто-то из нас должен сойти туда, вниз…

КАНТ. Вы оптимист! Хотите какого-нибудь мудреца туда послать?

СПИНОЗА. Его засмеют.

КАНТ. Или провидца, пророка?

Сократ пожимает плечами.

СПИНОЗА. Его запрут в сумасшедший дом. Вы плохо знаете сегодняшних людей.

Сегодня — пророка! О чем вы думаете? Пророка сочтут за галлюцинацию! Не забывайте этого, Сократ!

КАНТ. Я же вам говорю — ни мудреца, ни настоящего философа в вашем, классическом смысле этого слова сегодня никто не будет слушать. Их просто не примут всерьез.

СПИНОЗА. Сократ, уверяю вас… у меня есть сведения: не верят вообще никому, ни в чем. Философ бы там пропал. Одиноки — Боже мой! — мы были в сущности когда-то все. Но сейчас… Не забывайте: правда — это то, чему меньше всего сегодня верят, это самое для них неправдоподобное. И того, кто ее выскажет, сочтут несовременным, его речи ни на кого не подействуют.

СОКРАТ. Так что же вы хотите делать?

КАНТ. Это надо по-настоящему серьезно обдумать. Что-то должно произойти. Но с чего нам начать? Как донести до людей правду? Ну, что ли, возбудить у них аппетит к правде?

СПИНОЗА. Как я понимаю, господин профессор, коллеги нашего цеха там, внизу, тратят немало усилий, чтобы разобраться, например, с материализмом. И, поверьте мне, они его и сегодня не одолели.

КАНТ. Какой же вы все-таки обозначаете год — там, внизу?

СПИНОЗА. 1946-й, как мне было сказано.

КАНТ. Скандал! Но вы все сделали?

СОКРАТ. Мы посылали туда все, что было в нашем распоряжении, мы влияли на учебные кафедры. И мы помогали авторам серьезных работ.

КАНТ. Как? Вы их вдохновляли?

СОКРАТ. Конечно.

КАНТ. Вот это мне не по душе.

СПИНОЗА (*недовольно*). Сократ, я же вас просил при Канте молчать об этом. Вы ведь знаете, он писал о духовидцах и обо всем таком, он этого не любит.

СОКРАТ. Что делать? Мне жаль было людей.

КАНТ. Но я все-таки признаю, что вы это делали из добрых намерений.

СОКРАТ. ...И, если вы ничего не имеете против, я действительно знаю выход.

СПИНОЗА. И что это?..

СОКРАТ. Не смейтесь надо мной, но я говорил с моими современниками...

КАНТ. Вашими земляками?

СОКРАТ. Конечно.

КАНТ. И что?

СПИНОЗА. Чего вы стесняетесь?

СОКРАТ (*смущенно*). Речь идет об авторах древнегреческих трагедий.

КАНТ. И что?

СОКРАТ. Они сказали, что есть один-единственный выход...

КАНТ. Какой же?

СПИНОЗА. Да говорите же, не стесняйтесь!

СОКРАТ (*подчеркнуто*). Искусство! Они сказали, что только искусство может повлиять на людей там, внизу.

КАНТ. Не лишено интереса! Идея неплоха!

СОКРАТ (*воодушевляясь*). Я сначала не хотел об этом говорить. Но ведь действительно, нет другого выхода, теперь я в этом убежден.

СПИНОЗА. Искусство — значит фантазии, мифы, поэмы, но отнюдь не истина... Разве мы можем участвовать в чем-то подобном?

КАНТ. Смешное возражение — не обижайтесь! То нереальное, которое искусство преподносит людям, подчас бывает ближе к истине, чем их человеческая реальность.

СПИНОЗА. Хорошо, но это приведет к вседозволенности.

СОКРАТ. Опыт истории опровергнет ваши сомнения, Барух.

КАНТ. Безусловно. Но дело в другом: как вы себе это представляете практически, Сократ? Самим нам тут устраивать театр, или вдохновить каких-нибудь драматургов, или еще черт знает что?

СПИНОЗА. Господин профессор прав. Не можем же мы тут стать артистами и что-то представлять!

СОКРАТ. Но как иначе говорить с ними? Только конкретные образы действенны.

СПИНОЗА. Прекрасно, но мы же будем смешны!

КАНТ. И кроме всего прочего мы на такое... (*тихо, значительно*) не получим разрешения.

СОКРАТ. Стоп! Это уже будет моя забота. Есть и другие — не-люди становятся людьми, чтобы помогать людям.

КАНТ. Повторяю — на это не будет согласия, вот увидите!

СОКРАТ. Но поймите же меня правильно, господин профессор! Я вначале и не думал ни о каких театральных представлениях, я полагал только, что людям нужно показать что-то такое из их собственной жизни, чтобы они сами почувствовали правду.

СПИНОЗА. Он имеет в виду просто картину из их жизни.

КАНТ. Реальную или хотя бы возможную в реальности, то есть правдоподобную историю? И к тому же с соответствующей моралью?

СОКРАТ. Конечно, с моралью. Но так, мимоходом.

СПИНОЗА. Неплохая мысль. Но при чем тут мы? Что мы сможем делать?

СОКРАТ. Комментировать!

КАНТ (*после некоторого раздумья*). И вы знаете подходящую историю?

СОКРАТ (*сияя*). Все уже готово, господин профессор!

КАНТ. И комментарий?

СОКРАТ. Будем давать его по ходу действия.

СПИНОЗА (*внезапно покачав головой*). На людей это не подействует. Знаете, что они скажут? Что здесь нарушено единство места и времени.

КАНТ. Извините, но это просто смешно. С точки зрения нашего существования в вечности единство места и времени уже не проблема, не так ли?

СПИНОЗА. Ну, тогда еще одно: мы для этого вдохновим фантазию какого-нибудь писателя или примем участие в старой постановке?

СОКРАТ. Гораздо проще. Наша пропаганда будет основана на фактах, на чистых фактах! И наши разговоры, которые мы здесь ведем, тоже будут обнародованы, и именно в театре.

КАНТ. Как это прикажете понимать?

СОКРАТ. Мы просто разыграем наш протокол на какой-нибудь земной сцене.

КАНТ. Что же, все, сказанное выше, и все, что нам еще придется сказать, превратится в спектакль, который вы намерены показать?

СОКРАТ. Да, именно это я имею в виду. Барух, как начинается протокол?

СПИНОЗА (*читает*). «Секретарь — Бенедикт де Спиноза; Сократ. И точное время тоже надо указать; Кант. Стоп! Я протестую!» И так далее, и так далее…

СОКРАТ. Прекрасно! Тогда все, что здесь говорилось до сих пор, войдет в постановку. (*Торжественно.*) И мы — сейчас — просто включаемся в спектакль «Синхронизация в Биркенвальде» на сцене театра в…

СПИНОЗА. Не годится! Там говорят по-немецки.

СОКРАТ. Ну и что?

КАНТ. Бенедикт, не забывайте, что здесь мы общаемся с помощью не слов, а мыслей.

СОКРАТ. А мысли понимает каждый. И то, о чем мы сейчас размышляем, должно дойти до каждого как на его родном языке…

КАНТ. …Потому что это — правда.

СПИНОЗА. Понимаю…

СОКРАТ. Итак, можно начинать!

СПИНОЗА (*по-детски радостно, возбужденно*). Занавес!

КАНТ. Не забывайте, Бенедикт: мы все время на сцене, и занавес поднят. И все это время на нас смотрят и нас слушают.

СОКРАТ. Или вы все еще не уловили ситуацию, Барух?

СПИНОЗА (*немного растерянно*). Как, уже?

СОКРАТ. Все еще не понимаете? Да мы попросту притворились, будто какой-то писатель использовал наши образы, а нас будто бы изображают артисты. (*Смеясь.*) Ни один человек не заподозрит, что мы, так сказать, обратились в артистов и воспользовались именем автора — неплохо, да? А публика и вовсе обманута: мы заставили ее играть роль зрителей. И вот увидите: они не догадываются, что они играют, а мы — настоящие и то, что здесь разыгрывается, тоже — настоящее.

КАНТ. Нет, серьезно, Сократ, что вы задумали? Что за пьеса?

СОКРАТ. Я хочу представить людям картину ада и показать им, что и в аду человек может остаться человеком. Примерно так, как мы здесь, на небесах, — или как там называют это те, внизу, — каким-то образом остались людьми. Разве нет?

КАНТ. Безусловно, безусловно! Слава Богу!

СПИНОЗА. Слава Богу!

СОКРАТ (*тихо, Канту*). И это называется — атеист…

КАНТ (*усмехаясь*). Итак? Я готов, Сократ!

СОКРАТ (*обращаясь вверх*). Прошу, занавес между вечностью и временем!

Средний занавес поднимается. В полумраке виден запущенный, грязный барак концлагеря. Примерно в середине маленькая железная печка. Правая часть барака не видна, слева — входная дверь. Перед ней, еще левее, небольшая площадка. Весь левый угол сцены ограждает колючая проволока, тянущаяся вокруг всего барака. Прямо перед зрителями — нары, слегка покрытые соломой, на них, лежа или сидя, расположились заключенные.

СПИНОЗА. Где мы?

СОКРАТ. В концлагере Биркенвальд.

КАНТ (*скорее про себя*). Жутковато…

КАПО (*входя с группой заключенных, хрипло, привычно повелительным тоном*). Значит, вот — блок 6, барак 9.

ФРАНЦ. Быстрей, Карл, нам бы занять местечко у печки!

КАРЛ (*хромая*). Подожди, я не могу так быстро. Левая нога…

ФРАНЦ. Обопрись!

КАРЛ (*опираясь*). Вот, хорошо, так дело пойдет.

Другие тоже ищут места и постепенно располагаются; капо уходит.

ФРИЦ (*Эрнсту*). Слыхал, как лагерный начальник ругался, что нам в Бухенау дали только одно одеяло и что мы такие вонючие и завшивленные?

ЭРНСТ. Давай, старый оптимист, надейся, что здесь будет лучше!

ФРИЦ. Почему же обязательно нет? Скажи, разве ты не был уверен, что нас ведут в газовые камеры? А приехали в нормальный лагерь.

ЭРНСТ. Еще не вечер… Смотри, еще станешь капо, наломаешь дров… Подожди, пока все кончится — они нас всех свалят в общую кучу, вот увидишь.

ФРИЦ. Давай так: если ты сможешь мне доказать, что к этому идет, — будем разговаривать дальше, а пока ты мне этого не доказал, я веду себя так, будто я уверен, что останусь жив.

ЭРНСТ. А я не хочу надеяться до последней минуты — слишком тяжело будет разочаровываться.

ФРИЦ. А ты правда думаешь, что их не переживешь? (*Смеется.*)

ЭРНСТ. Ты еще способен шутить?

ПАУЛЬ. У меня тут в мешке были сигареты! Еще от последней премии. Куда они подевались? Кто-то опять прикарманил!

ФРИЦ. Вечно эти фокусы… Я думал, мы все тут товарищи…

КАРЛ. И кто тут украдет? Здесь ведь только земляки.

ФРАНЦ. Вспомни про Отто…

КАРЛ. Бог ты мой, он-то уже наказан.

ЭРНСТ. Тоже справедливый порядок — если кто-то схватил кусочек колбасы, должен за это идти в газ…

КАНТ (*после того, как философы, послушав, смешались с заключенными*). Пошлые люди, скажу тебе, Барух. Они воображают, что в их земном существовании должно быть какое-то соответствие между благотворительностью и благосостоянием, между нравственными заслугами и денежными заработками.

СПИНОЗА. Beatitudo ipse virtus…* Только порядочный человек может быть по-настоящему счастлив.

КАНТ (*нетерпеливо*). Знаю, знаю. Но вы проецируете все в одну плоскость — вы, с вашим монизмом.

СОКРАТ. Господа, не ссорьтесь! Здесь же идет спектакль!

* «Beatitudo non est virtutis praemium, sed ipsa virtus» — «Блаженство не есть награда за добродетель, но сама добродетель» (Спиноза. Этика, V, 42).

КАНТ. Но я спрашиваю, Сократ, почему люди еще и ничему не учатся?

СОКРАТ. Это верно. Пока они не читают философские книги, они будут оплачивать свои философские заблуждения страданием и кровью, нуждой и смертью. Но подумайте еще раз — разве мы не должны были оплачивать нашу философскую мудрость ни кровью, ни страданием, ни нуждой, ни смертью?

СПИНОЗА. Он прав, господин профессор.

КАПО (*рывком открывая дверь*). Только не вбейте себе в головы, вы, вшивые свиньи, что сегодня вам еще дадут пожрать. Наша кухня не рассчитывала на вашу вонючую банду! (*Уходит.*)

ЭРНСТ. Ну и дела! Два дня не ели, а теперь надо еще ночь проваляться, пока дождешься, чтобы утром дали полакать этой теплой мутной водички!

КАРЛ (*Францу*). Францик, Францик, я опять тебе говорю — не надо было тебе идти со мной.

ФРАНЦ. Я должен был, ты же знаешь, как это было.

КАРЛ. Да знаю я вечную твою жертвенность. Я тебе прямо скажу: это у меня уже вот где! Сначала ты мог уехать в Америку, так нет! Ты не хотел оставлять семью в беде. А результат? Чтобы спасти тебя от гестапо, сестра пожертвовала собой. А после гибели Эви от болезней и горя умер отец. Потом настала моя очередь. И теперь мама — одна. Бог знает, жива ли она?

МАТЬ (*маленькая, скромная, печально озабоченная, появляясь справа, откуда не видно никаких подходов к бараку*). А, вот они здесь! (*Остается вблизи сыновей.*)

КАРЛ. Жертва за жертвой — и ни к чему это не приводит.

ФРАНЦ. Не говори так, Карл. Ты не хуже меня знаешь, что эта дерьмовая жизнь не имела бы смысла и не стоило бы за нее держаться, если бы мы не были готовы в любой момент отшвырнуть ее ради чего-то другого.

КАРЛ. Что-то другое… Но что? Что?

ФРАНЦ. Называй как хочешь, но ты знаешь это так же хорошо, как и я. По крайней мере мы об этом догадываемся.

КАРЛ. Всему есть предел. Ты не должен вот так швыряться своей жизнью.

ФРАНЦ. Почему нет, если это имеет смысл?

КАРЛ. Что ты называешь смыслом? Что в конце концов мы все погибнем?

ФРАНЦ. Может быть, и это. Дерьмовая жизнь, во всяком случае, бессмысленна, если еще и цепляться за это дерьмо. Кто не готов пожертвовать своей жизнью, тот просто существует, пока не подохнет. А для того, кто готов бросить такую жизнь к чертям, и смерть может иметь смысл.

В этом я убежден. И я никогда не стал бы об этом говорить, если бы мы не сидели здесь.

КАНТ. Вот это прекрасно! Вы слышали, господа?

СПИНОЗА. Откровенно говоря, я им не верю.

СОКРАТ. Может быть, все еще изменится к лучшему.

МАТЬ (*робко подходя к философам*). Прошу вас, господа, не сердитесь на меня, но это — двое моих сыновей, это — последнее, что у меня было. Ну скажите, разве они не замечательные? Разве не славные ребята? Франц мог уехать в Америку еще вовремя, понимаете? Но он остался с нами, со мной и с отцом. Мы так просили его уехать, а он говорит: «Мне и здесь неплохо». Как будто мы не догадываемся, что он не хочет нас оставить…

КАНТ (*успокаивая*). Мы как раз сейчас говорили, что ваш сын Франц — очень способный юноша.

СПИНОЗА. По-настоящему хороший человек.

СОКРАТ. Утешьтесь, сударыня, мы позаботимся о ваших сыновьях.

МАТЬ (*кланяется*). Я очень вам благодарна, господа. С кем я имею честь?

КАНТ. Сударыня, вы нас, наверное, знаете, однако забудьте. Мы неохотно называем свои имена.

МАТЬ. Извините, извините! Я только хотела… я думала… вы могли бы замолвить за меня словечко…

СПИНОЗА. Что? И зачем, кому?

МАТЬ. Я так тоскую о сыновьях. А здесь они так страдают, я знаю, я вижу — страдают! И я подумала: я подам заявление, чтобы их отправили ко мне.

КАНТ. Это невозможно, сударыня.

СПИНОЗА (*тихо Канту*). А может быть, попытаться, господин профессор?

СОКРАТ. Лучше не стоит, Барух. Не будем в это вмешиваться. Давайте иначе. (*Матери.*) Помогайте вашим сыновьям, а мы обещаем, что сделаем все, что сможем.

МАТЬ. Спасибо господа, большое спасибо! Бог вас вознаградит! И поверьте мне, они того стоят! Смотрите, вот (*неловкими движениями вытаскивает из сумки письма и маленькие пакеты*) — все это я получила от них.

СПИНОЗА. Как так? Ведь оттуда, из лагеря, нельзя писать, нельзя ничего посылать?

КАНТ. Так что же это?

СОКРАТ (*вглядываясь ближе*). О! Разве вы все еще не понимаете? Это мысли сыновей о матери, это их молитвы за нее. Вот это я называю — дары, подарки…

МАТЬ (*гордо*). Прекрасные подарки, не правда ли? Так много писем, почти ежедневно, и что ни день — то пакет… Как же не гордиться ими? И разве они не стоят того, чтобы о них печалиться и заботиться?

КАНТ. Вы правы.

СПИНОЗА. Конечно!

Сократ возвращает матери письма.

КАНТ (*философам*). Да, знали бы люди, что все имеет свое значение и что значение это больше, чем то, к чему оно относится...

СПИНОЗА. Учитель, представьте, что сказали бы люди, если бы они это знали, как бы они удивились! А как бы были изумлены философы, если бы знали, что каждая их работа, в которой они ссылаются на вас, господин профессор, моментально...

СОКРАТ. Вы, вероятно, имеете в виду — вечно?

СПИНОЗА. Да — вечно — взлетает на ваш здешний вечный письменный стол в виде отдельного оттиска.

СОКРАТ. И как бы они были изумлены, если бы знали, что их великие мысли, даже не опубликованные, даже еще не высказанные — если это, конечно, великие мысли, — уже давно опубликованы здесь и ждут, когда их гонимый автор прибудет снизу, чтобы встретиться с ними.

КАНТ. Но почему вы думаете только о нашем цехе? Почему не о других — художниках, музыкантах? Разве вы не помните то мгновение — вечное мгновение, — когда Шуберт со слезами на глазах буквально ворвался к нам — и собственноручно получил здесь партитуру своей Симфонии си-минор, теперь уже «завершенной»?..

СОКРАТ. А помните, учитель, о чем тогда говорили? Бесконечные похвалы…

СПИНОЗА. И все время — музыка в си-миноре.

КАНТ. Да, да, знали бы люди…

КАРЛ. …Жива ли еще мама?

ФРАНЦ (*вполголоса*). Мама, жива ли ты, мама, ты жива? Скажи, мама, ты жива?

КАРЛ. О чем ты думаешь? Чего молчишь? Что ты тихий такой?

ФРАНЦ (*все так же тихо, задумчиво*). Скажи, мама, ты жива?

КАРЛ (*нетерпеливо*). Ну ответь же, Франц!

МАТЬ (*приближаясь*). Я не могу тебе этого сказать, Францик. Я не должна этого говорить. Но какая разница? (*Настойчиво, убеждающе.*) Но какая разница? Разве я не с тобой — так или иначе? Все равно с тобой!

ФРАНЦ (*обращаясь к ней*). Мама, скажи, ты жива?

КАРЛ. Ну, скажи же наконец хоть слово! Мне просто страшно. Скажи, ты что-то замышляешь?

ФРАНЦ (*испуганно*). Что ты говоришь? Нет, я просто думал о чем-то. Ладно, оставим это…

МАТЬ (*философам*). Вы слышали? Он думает обо мне. Беспрестанно думает обо мне!

СПИНОЗА. Да.

МАТЬ. Но он сомневается, он все время сомневается. Что сделать, чтобы он так не мучился сомнениями?

КАНТ. Вы ничего не можете сделать. Подождите — и пусть он подождет.

МАТЬ. Но я бы так хотела ему помочь…

СОКРАТ. Вы ничего не можете для него сделать.

МАТЬ. И они оба такие голодные…

ЧЕРНЫЙ АНГЕЛ (*появляясь, как и мать, справа; философам*). Какое невезенье! И надо же, чтобы это случилось со мной!

КАНТ. Что такое?

СОКРАТ. Что опять случилось?

СПИНОЗА. У вас вечно что-то случается.

АНГЕЛ. Я должен спуститься вниз — туда, к ним.

КАНТ. Но зачем?

АНГЕЛ. Женщина подала заявление. Она хочет, чтобы сыновья были с ней.

СПИНОЗА. И что?

АНГЕЛ. Я должен туда, испытать их.

КАНТ. Вот так, в таком виде?

АНГЕЛ. О чем вы?

СОКРАТ. Переодетым, инкогнито?

АНГЕЛ. Конечно.

СПИНОЗА. И как что? Как кто?

АНГЕЛ. Как эсэсовец.

КАНТ. Забавно!

АНГЕЛ. Но не для меня! Надо же, чтобы со мной это случилось — как эсэсовец!

СПИНОЗА. И что же, собственно, произойдет?

СОКРАТ. Вы же слышали, Барух: он идет испытать их.

АНГЕЛ. Я должен их истязать. Истязать — до крови. Тогда видно будет, что они там такое.

(*Исчезает направо, и в ту же минуту слева в барак входит, рывком открыв дверь, эсэсовец.*)

ПАУЛЬ (*вскочив по стойке смирно*). Господин унтершарфюрер! Заключенный 97126 докладывает: 16 заключенных из нового эшелона доставлены в блок 6, барак 9.

УНТЕРШАРФЮРЕР. Номер 118163!

КАРЛ (*вскакивает*). Здесь!

УНТЕРШАРФЮРЕР. Пошли, свинья!

КАРЛ (*поспешно, тихо*). Пока, Францик! Держись!

(*Уходит с эсэсовцем.*)

МАТЬ (*испуганно*). Что они с ним сделают?

КАНТ. Не бойтесь, сударыня (*значительно*), это для него к лучшему.

МАТЬ (*в тревоге*). Он будет его допрашивать, он хочет из него что-то вытянуть. Его будут мучить, моего Карла!

СПИНОЗА. Вы разве не видели? Ведь перед ним был ангел. Вашего сына только испытают.

МАТЬ (*в тоске*). Зачем испытывать, я же за него ручаюсь!

СОКРАТ. От вас ничего не зависит — как и от нас всех.

МАТЬ. Вы в самом деле думаете, что это для него к лучшему?

КАНТ. Да, так он быстрее будет с вами.

МАТЬ. Но ему будет больно…

СПИНОЗА. Что такое боль…

СОКРАТ. …Разве вы не понимаете?

МАТЬ. Это вы можете обсуждать между собой. Но матери вы не должны так говорить. Ни одной матери.

(*Опечаленная, присаживается возле Франца.*)

ФРАНЦ (*вполголоса*). Мама, помоги ему! Мама, поддержи его!

МАТЬ. Он в хороших руках, дитя мое. Не беспокойся о нем.

ФРАНЦ (*пристально глядя*). Мама, поддержи его!

ПАУЛЬ (*присаживаясь возле Франца с другой стороны*). Что ты такой молчаливый?

ФРАНЦ (*испуганно*). А чего ты хочешь?

ПАУЛЬ (*с любопытством*). Что там такое с твоим братом? Наверно, это фокус со списком на отправку?

ФРАНЦ. Наверное.

ПАУЛЬ. И зачем вам это было нужно? Взять чужой номер, чужое имя — пустяк, что ли? Что еще из этого может выйти…

ФРАНЦ. Нам хотелось быть вместе. А этот маленький чех так хотел остаться в Бухенау! У него там связи со старостой, тот ему каждый день приносил миску экстра-супа. Шутка ли, лишняя миска супа — это ведь жизнь! Он верил, что пока будет получать этот суп — будет жив.

ПАУЛЬ. Ну и как было дело? Он угодил в список?

ФРАНЦ. Да. И предложил Карлу поменяться с ним номером и фамилией. Так брат оказался вместе со мной, а чех остался при своем старосте и своем супе.

ПАУЛЬ. Знаешь, чем это может кончиться?

ФРАНЦ. Староста все знал и согласился.

ПАУЛЬ. Ну и что? Если твой брат признается, будете все четверо торчать в дерьме.

ФРАНЦ. Мне уже ничего не страшно.

ПАУЛЬ. Зачем тебе этот героизм? Что, дома тебя никто не ждет?

ФРАНЦ (*снова погружаясь в себя*). Мама, жива ли ты?

МАТЬ. Я с тобой, сынок, я с тобой! Поверь же мне наконец.

ФРАНЦ (*тихо бормочет*). Мама! Если бы я только знал, жива ли она!

ПАУЛЬ. Чего задумался, ты, тихий дурень! Выше голову! Мы еще посмотрим!

ФРАНЦ. Да, мы еще посмотрим.

УНТЕРШАРФЮРЕР (*вталкивая Карла в барак*). Ну ты, задница! Теперь можешь подумать, кто ты такой — тот или этот! Через пять минут я вернусь и снова заберу эту птичку, посмотрим, научилась ли она чирикать.

(*Уходит.*)

СПИНОЗА. Нет, вы видели, господа? Он же ведет себя как стопроцентный эсэсовец!

КАНТ. Таков он и есть.

СПИНОЗА. Но он ведь ангел!

КАНТ. Да, но как только становится эсэсовцем и до тех пор, пока им остается, он об этом представления не имеет.

СПИНОЗА. Не понимаю. (*Наивно.*) Этот эсэсовец должен ведь заметить — как это он вдруг появился… точно с неба упал, без прошлого, без собственной биографии… Это же должно его, наконец, удивить!

КАНТ. О, святая простота! Бенедикт, не забывайтесь же настолько! (*Нетерпеливо, поучающе.*) Он послан отсюда, но, с их точки зрения, он уже давно там, столько-то и столько-то лет, у него есть там свое прошлое, своя биография, есть родители и родители родителей, есть жена и дети.

СОКРАТ. Мы не стоим с ними на одном уровне — ни в пространстве, ни во времени. Это же наш трюк, что мы с ними рядом, наш театральный трюк!

СПИНОЗА. Но вы же говорили, что все это действительно, действительнее самой действительности: что это правда, а не только сплошной театр!

КАНТ. Все есть театр, и ничто не есть театр. Мы — определенные фигуры, что здесь, что там. То на фоне сцены, то на трансцендентальном фоне. Но в любом случае это — игра.

СОКРАТ. Но мы не очень-то знаем, что мы играем. И не очень знаем, что мы играем. Мы лишь неточно знаем наши роли. И радуемся, когда угадываем текст, который нам надо произносить.

КАНТ. И внимаем, как можем, суфлеру — голосу совести.

МАТЬ (*подходя ближе и услышав последнюю часть разговора, со всей наивностью*). И для кого же мы играем, господа? Пожалуйста, скажите!

СПИНОЗА. Для простодушной театральной публики, такой простодушной, что она думает, будто мы играем.

СОКРАТ. А между тем играют они — играют зрителей.

КАНТ. Да, они всегда играют. Разыгрывают друг перед другом свои роли, играют для самих себя.

МАТЬ (*прямолинейно*). Но для кого же мы все играем? Должно же что-то быть — должен кто-то быть, кто на нас смотрит, откуда-то...

КАНТ. Вы первый раз стоите на сцене, сударыня?

МАТЬ. Да, сударь.

КАНТ. Тогда скажите, что вы видите — там? (*Показывает на зрительный зал.*)

МАТЬ (*щурясь*). Ничего не вижу, лампы меня слепят. Вижу только большую черную дыру.

КАНТ. А если я вам скажу, что зритель все же есть?

МАТЬ (*доверчиво смотрит на него*). Ну, тогда я вам поверю.

КАНТ. Да (*твердо*), вы должны в это верить, потому что знать этого мы не можем. Мы его не знаем — великого зрителя спектаклей нашей жизни. Он сидит, в темноте, где-то там — в ложе. (*Указующий жест.*) Но он смотрит на нас внимательно, поверьте, сударыня!

СПИНОЗА. Верьте ему!

СОКРАТ. Верьте нам!

МАТЬ (*твердо*). Да, верю!

ФРАНЦ. И что ты будешь делать?

КАРЛ (*походя*). Я, разумеется, буду молчать.

ФРАНЦ. Тогда прощайся со мной. Навсегда.

КАРЛ (*мягко*). Ах ты, чертяка, ну что же мне делать? Почему я не могу один раз поступить в твоем духе? Сегодня я хочу жертвовать, сегодня я хочу наполнить смыслом свою жизнь, по твоей теории, — и свою смерть!

ФРАНЦ. Не говори так, Карл, мне больно это слышать.

КАРЛ (*все жарче*). С каких пор это — аргумент? Ты, старик, прекрасный брат. (*Кладет руку ему на плечо.*) Разве не ты все время твердил, что страдание — это тоже жизнь, что страдание тоже имеет смысл?

ФРАНЦ. Так оно и есть, но когда доходит вот до такого, человек находится во всем этом, и он должен стараться — когда надо как-то сохранить себя…

КАРЛ. …Вот тогда это и становится верным! Не в разговорах, а в деле — вот тогда это становится истиной. Ну, что, плохо я у тебя выучился?

ФРАНЦ. Карл, милый.

КАРЛ. Ах ты, старый чертяка!

ПАУЛЬ. Внимание!

УНТЕРШАРФЮРЕР (*снова появляется слева*). Выходи, где ты там, свинья вонючая!

КАРЛ. Я здесь. (*Францу, твердо.*) Я это сохраню, я сохраню себя, я выдержу это испытание!

Франц молча отпускает его руку.

Унтершарфюрер уходит с Карлом.

МАТЬ (*философам, испуганно*). Господа, теперь его снова будут испытывать?

КАНТ. Да, будут…

ПАУЛЬ (*медленно, Францу*). Дело далеко зашло, да?

ФРАНЦ. Да, но он выстоит. Он так сказал, он дал себе слово.

ПАУЛЬ. Вообще он славный парень, все при нем. Таким братом можно гордиться.

ФРАНЦ. Он совсем не такой, как я. Я говорю — он действует.

СПИНОЗА (*взволнованно, глядя вдаль направо*). Смотрите, господин профессор! Он сбил его с ног!

КАНТ. Я плохо вижу. Кто, ангел?

СОКРАТ. Да, ангел.

СПИНОЗА. Парень не может подняться, он весь в крови.

СОКРАТ. Но он молчит.

КАНТ. Как? Он не выдал? Несмотря на это избиение?

СОКРАТ. Нет, он молчит. Какой стойкий!

СПИНОЗА (*крайне возбужденно*). Смотрите, он мучается, он, наверно, ужасно мучается! Если бы я мог ему помочь! Ах, ну что я такое после этого! Я писал, но это не читали, не понимали. Я ведь их призывал, я говорил: «Affectus desinit esse passio… Жизнь перестает быть страданием…» Но люди не услышали, как им быть со всем этим!

КАНТ (*взволнованно*). Он должен оставаться стойким. Если бы я мог внушить ему мой категорический императив: человек, действуй так, будто…

СОКРАТ (*грустно*). Он вас не понимает. (*Подчеркнуто*.) Надо говорить человеческим языком, а не философским.

СПИНОЗА. Что значит — человеческим? Каждые пару лет нас переводят на все мыслимые человеческие языки.

СОКРАТ. Что вы вообще хотите? Никто нас не понимает — разве что дойдет до этого сам. Никто не поймет то, что мы говорили или писали, пока не начнет мыслить самостоятельно, пока самостоятельно не откроет все это и не пробудится. А разве с нами было иначе? Нам необходимо было действовать, воплощать то, о чем мы думали. Пока мы не действовали, мы не проникали в самую суть и не влияли ни на кого. Со мной, во всяком случае, было так. Меня услышали не благодаря моим речам, меня услышали лишь благодаря моей смерти…

СПИНОЗА. Смотрите туда! Он все еще ничего не говорит. Он, кажется, теряет сознание.

КАНТ (*оживленно*). Господа, это случай для моего семинара, я должен его продемонстрировать!

СПИНОЗА. Что за семинар?

КАНТ. Для самоубийц. Я читаю им курс о смысле бытия.

СПИНОЗА. И что с ними бывает потом, когда они прослушают курс?

КАНТ. Тогда их опять сажают в эшелоны.

СПИНОЗА. В какие эшелоны?

КАНТ. Идущие в КЛ ПССЗ, как горько шутят эти несчастные черти.

СПИНОЗА. Вы хотите сказать: эти нерожденные — снова к рождающим?

КАНТ. Да.

СПИНОЗА. А что подразумевается под этими буквами?

КАНТ. Концлагерь Планета Солнечной системы Земля.

СПИНОЗА. Действительно, несчастные черти, кто должен снова возвращаться туда.

КАНТ. Вы бы видели, как они пытаются спрятаться, когда начинают формировать такой эшелон. Ни одного ангела не вдохновила бы подобная миссия. (*Смеется.*) Но чему суждено быть — то должно быть. И что должно стать — должно стать и снова родиться.

СОКРАТ. И что вы сейчас хотите делать?

КАНТ. Я бы хотел переместить сцену.

СПИНОЗА. Вы хотите продолжить ее в семинаре?

КАНТ. Да, но надо еще подождать. Сначала он должен действительно окончательно выдержать это испытание.

СОКРАТ. Так посмотрите же туда — он больше не шевелится!

СПИНОЗА. И эсэсовец наступил на него сапогом!

КАНТ. Если бы только этот бедный парень узнал от ангела, что ему делать…

СПИНОЗА. Нет, юноша этого не выдержит, он проговорится в конце концов. Спорим, господин профессор?

КАНТ. Я не буду спорить, но я прав. Посмотрите сами, как он борется, борется с самим собой. Но уже недолго. Смотрите же, разве он не прекрасен? «Держит удар», как говорят боксеры.

СОКРАТ (*вскрикивает*). Вот! (*Тихо.*) Ну, теперь все. Юноша умер.

КАНТ (*торжествующе*). Видите, Барух! Выдержал!

СПИНОЗА. Вы действительно оказались правы. Случай как раз для вас.

КАНТ (*деловито*). Он мне настоятельно необходим для семинара. Никто не верит мне, что человек может быть сильнее своей природы, что он способен одолеть ее. Меня повсюду называют идеалистом, чуть ли не основоположником идеализма. Но я реалист, господа, поверьте, — вы ведь только что это видели.

СОКРАТ. Мы по существу все одного мнения. Если бы так было и у людей!

СПИНОЗА. Если бы каждый стремился к благу, он бы стал благим. Однако люди не ждут ничего ни друг от друга, ни от самих себя. И ничего от себя не требуют.

ЧЕРНЫЙ АНГЕЛ (*справа*). Ну, готово! Такие вот дела... (*Жалобно.*) Надо же, чтобы со мной такое случилось!

СПИНОЗА (*простодушно*). А где же остался эсэсовец?

АНГЕЛ. Кого вы имеете в виду?

СОКРАТ (*нетерпеливо, извиняющимся тоном*). Он имеет в виду вашу земную оболочку.

КАНТ. Ну, тот живет дальше своей жизнью, Барух. В земном времени он должен существовать до своего конца, до того дня, когда его постигнет справедливая судьба, до дня искупления.

АНГЕЛ. Я ведь должен опять сейчас возвращаться — в него. Я только хотел спросить — что вы на это скажете? Просто здорово, что за юноша!

(*Уходит направо.*)

КАНТ. Действительно.

СОКРАТ. А вот и он.

СПИНОЗА. Тот, который умер?

КАНТ. Конечно.

МАТЬ. Карл!

КАРЛ. Мама!

Обнимаются.

МАТЬ. Пойдем к Францику!

(*Пододвигается ближе к Францу.*)

ФРАНЦ (Паулю). Он не вернется, вот увидишь…

ПАУЛЬ. Я уже и сам готов в это поверить.

ФРАНЦ. Я теперь, быть может, совсем один во всем мире.

МАТЬ. Мы теперь с тобой, Францик!

КАРЛ. Мы с мамой теперь возле тебя.

ФРАНЦ. Бог знает…

ПАУЛЬ. А тут еще этот голод.

ФРАНЦ. Идем, у меня тут немного соли (*лезет в карман*), пососи...

ПАУЛЬ. Спасибо, но потом ведь пить захочется.

ФРАНЦ. Жажда — голод, голод — жажда: по крайней мере разнообразие, верно?

ПАУЛЬ. Правда. Давай сюда. (*Сосет.*) Прекрасный парень твой брат! Он у меня из головы не выходит.

ФРАНЦ. И надо же, что взяли его — почему именно его? Почему опять не того? Господи, ты же знаешь, что я хуже!

ПАУЛЬ. Не болтай глупостей! Ты один из самых лучших у нас, ты мой самый лучший товарищ из всех, кто здесь есть.

ФРАНЦ. Ты не знаешь всего обо мне, ты так мало меня знаешь.

ПАУЛЬ. Ну ладно, ты что — убийца?

ФРАНЦ. Ты будешь смеяться — и это тоже.

ПАУЛЬ. Мне кажется, ты из-за этого несчастья тронулся...

ФРАНЦ. Ты знал Феликса, там, в лагере Бухенау?

ПАУЛЬ. Да, ну и что?

ФРАНЦ. А узнаешь пальто, которое на мне?

ПАУЛЬ. Кажется, это его.

ФРАНЦ. Да, я купил у него это пальто за порцию хлеба.

ПАУЛЬ. У него все равно бы это пальто отняли, он же попал в лагерь для больных.

ФРАНЦ. Скорее всего, отняли бы и пальто, и ботинки. Но как знать наверняка? Вдруг пальто бы случайно осталось? Вдруг это спасло бы ему жизнь?

ПАУЛЬ. Да поверь мне, тот эшелон пошел в газ. Там же были одни доходяги, никто не мог работать.

ФРАНЦ (*упрямо*). Как бы там ни было, я воспользовался его голодом и этим сэкономленным куском хлеба. А если бы эшелон не пошел в газ? А если бы Феликс поправился, тогда бы он замерз, ведь мое пальто, которое я ему дал, совсем легкое…

ПАУЛЬ. Если бы, если бы… Если б на другой манер, я бы был миллионер… А ты такой же убийца, какой я миллионер!

ФРАНЦ. Не надо так говорить. И не надо так поступать, как я поступил. Ведь главное не результат…

КАНТ. В чем-то он, конечно, прав.

СПИНОЗА. Я бы тоже не сделал того, что он сделал.

СОКРАТ. Чего вы хотите? Он по крайней мере это понял.

СПИНОЗА. Слишком поздно.

КАНТ. Больше он уже, конечно, так не поступит.

ПАУЛЬ. Никто из нас не ангел.

ФРАНЦ. Но мы должны всегда сами решать, всегда заново, каждый раз, в каждое мгновение! Потому что ведь никто из нас не дьявол с самого начала, даже эсэсовцы, поверь.

ПАУЛЬ. Вот теперь ты совсем спятил! Эта собака, у которой, наверно, сейчас на совести твой брат, — и этот уже не дьявол?

ФРАНЦ. Возможно, что и нет…

СПИНОЗА. Спорим, он близок к тому, чтобы разгадать нашу игру, он ее провидит!

КАНТ. Ангела не провидит никто.

СОКРАТ. Когда я там, внизу, уже давно готов был встретиться с судьбой, один старый еврей рассказал мне любопытную еврейскую легенду. Положение дел в мире зависит от того, живут ли в нем постоянно тридцать шесть праведников. Причем никому не известно, кто они. И если кого-то опознают, он немедленно исчезает.

СПИНОЗА. Я знаю эту легенду.

КАНТ. Видите, о чем бы мы ни говорили, у нас всегда найдутся предшественники.

СОКРАТ. Если бы их не было, это говорило бы не в нашу пользу!

ЭРНСТ (*находившийся раньше позади барака, он входит вглубь и говорит с иронией*). Мой стиль! Полчаса я исхитрялся достать из-за колючей проволоки картофелину, и наконец-то она — моя! Кому бы ее пожертвовать?

ПАУЛЬ. Дай сюда, ты, чокнутый! Франц умирает от голода.

ЭРНСТ (*с шутливым поклоном*). Кушать подано! Она превратилась в камень. Возьми, Франц, и заткни им глотку убийце твоего брата!

ПАУЛЬ. Оставь его в покое!

ФРАНЦ (*задумчиво*). В покое... Карл уже добился своего покоя, а я — нет, еще долго — нет. И не найду покоя, пока...

ПАУЛЬ. Дурачина, уж лучше выскажи свои сумасшедшие мысли.

ФРАНЦ. Ну что ты знаешь? Я — дерьмо, не больше, чем дерьмо.

ПАУЛЬ. Ты достаточно жертвовал ради других. Я знаю, я слышал.

ФРАНЦ. Я хотел… О да, я хотел многого! Когда-то я подолгу думал о заключенных в концлагерь, и однажды мне приснилось, будто кто-то или что-то спрашивает меня, хочу ли я добровольно отправиться туда, чтобы им помочь. И видит Бог, я никогда не был так счастлив, как в ту минуту, во сне, когда я сказал «да». И мне снилось, что я уже там, что бреду вместе с ними по какой-то бесконечной дороге вдоль колючей проволоки… А когда через несколько месяцев я действительно попал туда, тогда я понял, что я — несчастный слабак, ни на йоту не лучше других, даже этих капо, этих эсэсовцев…

ПАУЛЬ. А кто вообще вправе сказать, что он лучше других? Кто точно знает, что он хуже?

ФРАНЦ. Смотри, вот моя сестра была совсем другая. Ей дали шанс освободиться из тюрьмы — только надо было симулировать кровохарканье. Она уже проколола себе руку, она плевала в платок и втирала кровь, она научилась хрипло дышать — и от всего этого отказалась. Она просто не смогла — так она сказала.

ПАУЛЬ. Ну и дура!

ФРАНЦ. Нельзя рубить сплеча. Не все так просто.

СПИНОЗА. Что скажете об этом, господин профессор?

КАНТ. Не провоцируйте мой ригоризм — он и без того многим портил кровь.

СОКРАТ. А юноша прав! Все не так просто.

ФРАНЦ. Но я все-таки еще не сдаюсь. Еще нет. Я и теперь, в лагере, кое о чем мечтаю. О чем-то другом. О том, что я буду делать потом, когда выйду отсюда — если выйду…

ПАУЛЬ. И что же ты имеешь в виду, позволь узнать?

ФРАНЦ. Я достану себе автомобиль…

ПАУЛЬ. Да, я об этом тоже мечтаю.

ФРАНЦ. И сейчас же, в первые же дни, поеду по улицам — по моему списку.

ПАУЛЬ. И что это за новая идея?

ФРАНЦ. Да, мысленно я уже давно сделал список тех, кого могут схватить за шиворот в первый момент, не разобравшись, в горячке ненависти… Я ее предвижу, эту ненависть, эту жажду мести. Схватят и тех, кто втайне делал что-то доброе. Я же знаю и тех, кто носит эту ненавистную нам форму, но под ней сохранил сердце! Поверь, кто-то из них вопреки всему остался человеком и делает что может, только мало кто об этом знает. И те немногие, кто знает, должны о них позаботиться. Белый список, вот что это! Я должен буду спешить, я должен их спасти!

ПАУЛЬ. Ты дурак — и опасный дурак! Я просто удивлен. Знаешь, кто ты? Изменник, да, изменник!

ФРАНЦ (*ласково улыбаясь*). Изменник? Кому, чему я изменил?

ПАУЛЬ. Нам, нам всем, кто здесь страдает, — страдает из-за тех, кому ты собрался еще помогать!

ФРАНЦ. Я не изменник. Я не предал никого и ничего. А прежде всего я не предал человечность.

ПАУЛЬ. И это ты называешь человечностью? Позволить этому сброду, этим преступникам уйти от справедливого возмездия?

ФРАНЦ. Справедливого… Что ты называешь справедливым? Ненавистью отвечать на ненависть? Несправедливостью на несправедливость? Чтобы мы делали то же, что они? Чтобы мы обращались с ними так же, как они с нами? Это — не справедливость. Это увековечит бесправие.

ПАУЛЬ. Око за око, зуб за зуб… Ты забываешь это.

ФРАНЦ. Только не ссылайся на Библию! Тебе очень легко понять ее превратно. Да и знаешь ли ты ее по-настоящему? Проверить тебя? Тогда скажи, зачем Господь наложил печать на Каина, убийцу Авеля?

ПАУЛЬ. Ясно зачем. Чтобы его всюду узнавали, чтобы опасались его, вели себя с ним соответственно.

ФРАНЦ. Неверно! Этот знак, эта печать должна была как раз охранять Каина, чтобы с ним ничего не случилось, чтобы его не наказывали больше, потому что он уже наказан Господом. Понимаешь? Подумай, что бы случилось, если бы было иначе. Убийства бы просто не прекращались, потому что одно влекло бы за собой другое, одна несправедливость тянула бы за собой другую. Нет! В конце концов цепь зла должна быть разорвана! Мы не хотим снова и снова платить за ненависть — ненавистью, за насилие — насилием! Это цепь, Пауль, пойми, цепь — вот что это! Ее нужно наконец разорвать… (*Оседает на нары.*)

ПАУЛЬ. Тебе плохо?

ФРАНЦ. Да, немного.

ПАУЛЬ. Покажись-ка. Какой ты бледный! Полежи, я тебя оставлю в покое, но если тебе что-нибудь понадобится, позови меня. Надо взглянуть на Эрнста — что-то с ним неладно.

ФРАНЦ. Да, да.

ПАУЛЬ. Эрнст, как дела?

ЭРНСТ (*слегка косноязычно, заплетающимся языком ослабевшего от голода человека*). Спасибо, плохо. (*Деловито.*) Завтра можете меня уже списать.

ПАУЛЬ (*с деланой бодростью*). Глупый ты! Со мной часто случалось такое, как с тобой сейчас, и ничего.

ЭРНСТ. Я сказал, что сказал, и что я знаю, то знаю. Но подумай, смешно все-таки. Сегодня я здесь, а завтра — меня нет. А где же я завтра?

СПИНОЗА. До тех пор, пока они будут под «где» понимать какое-то место в трехмерном пространстве, они не поумнеют и им нельзя будет помочь.

КАНТ. А я думаю, для них лучше знать не всё. Если бы они всё знали — не решались бы на то, что кажется бессмысленным, а именно на то, что находится где-то, а не там или тут, где это можно увидеть и пощупать.

СОКРАТ. Достаточно того, что у них есть свой демон — так я назвал внутренний голос. Если бы для них все было ясно, все черным по белому, тогда вся игра не имела бы для них смысла — и ничего бы у нас не получилось.

МАТЬ (*наклоняясь над Францем*). Сынок, тебе плохо?

ФРАНЦ (*сам с собой*). Мама, мама! Что со мной? Что происходит? (*Медленно.*) Это — смерть?

МАТЬ. Я не знаю. А если бы и знала — я не должна говорить.

КАРЛ. Жди спокойно, Францик. Мы возле тебя, не бойся.

ФРАНЦ. Карл, был бы я уже возле тебя.

КАРЛ. Францик, я возле тебя.

МАТЬ. Он тебя не слышит. Он нас не слышит — ты этого еще не понял?

КАРЛ. Вот это-то меня и мучает.

МАТЬ. Привыкнешь. Это длится недолго.

КАРЛ. Для него — уже недолго.

МАТЬ. И для него тоже. Как только он будет с нами, все остальное станет неважным.

ФРАНЦ. Я умираю? Вот и хорошо! Я всегда боялся этого — теперь я знаю, как это бывает. (*Задумчиво.*) Я теперь ближе — ко всему. К самой сути…

СПИНОЗА. Он умирает, господин профессор?

КАНТ. Надо узнать.

СОКРАТ. Мне кажется, что этот, рядом (*показывает на Эрнста*), — уже. Вы не думаете, господин профессор?

КАНТ. Что мы знаем?

ФРАНЦ. Или это не смерть? Может быть, я еще могу надеяться? Я еще завершу мою работу, мою большую неоконченную работу, мою пьесу? (*Грустно.*) Которую я всегда хотел написать. Рукопись пропала, выброшена там, в душевой Бухенау… Мама, Карл, вы знаете, как это случилось? Знаете?

Нет, наверно, у меня уже нет надежды закончить ее. (*С болью, с усилием.*) Ничего не останется после меня, ни клочка! Завтра я, наверное, превращусь в ничто, исчезну, как ты, Карл, сегодня, и, наверное, мама…

КАРЛ. Мама, ты можешь его успокоить, утешить?

МАТЬ. Но как? Он же нас не видит, не слышит. Никто не понимает наших мыслей. Подумай, где мы… Они до конца должны пройти свой путь, каждый — сам, в одиночку. Вот к чему все сводится — самому найти себя.

КАРЛ. И это то, что мы называли жизнью?

МАТЬ. Да, теперь мы это понимаем.

ФРАНЦ. Но я хочу быть смелым — один раз в жизни, этот единственный раз! Я сказал — в жизни? Нет, я имею в виду в смерти. Да! Мама… Карл… Господи! Я хочу быть смелым! Я хочу — и буду. Так! Я отказываюсь, отрекаюсь завершать мою пьесу!

СПИНОЗА. Вы слышали — он отказывается завершать эту вещь!

СОКРАТ. И обретает этим завершением самого себя…

КАНТ. Увидишь, Барух, это так!

ФРАНЦ. А он — вот этот, который рядом, — он пусть не умирает. Это я должен умереть! (*Громко.*) Пауль?

ПАУЛЬ. Да, что? Что такое, Франц?

ФРАНЦ. Иди-ка сюда. Что там с тем, рядом? Ему лучше?

ПАУЛЬ. Да. Как ты заметил это со своих нар?

ФРАНЦ. Сам не знаю как. Вот увидишь, он переможется!

ПАУЛЬ. Может быть, похоже на то. А ты-то как? Тебе тоже лучше, Франц?

ФРАНЦ. И да и нет — как посмотреть.

ПАУЛЬ. Бодрись! Как-нибудь продержимся до завтра, а завтра будет суп, хороший, горяченький суп, может, еще и картофелина попадется…

ФРАНЦ. Может быть… может быть и ничего… Может быть, вообще ничего…

ПАУЛЬ (*насмешливо*). Что, снова голодный бред, как я погляжу?

ФРАНЦ. Оставь меня!

Пауль подходит к Эрнсту.

ФРАНЦ. Ничего — совсем ничего! Таков, значит, человек. И таков я. И все-таки (*распрямляется*) человек есть что-то! И я тоже, наверно. И это что-то трепещет, парит, мелькает, его невозможно понять, ухватить. Но надо действительно это сделать, надо это неуловимое воплотить, осуществить… В жизни, в смерти… Господи, позволь мне умереть! Я готов, я смогу воплотить!

ФРИЦ (*подошел к Францу, стоит над ним*). Что это он так притих, этот Франц? Ни слова не говорит. А ведь он у нас самый разговорчивый — все болтает, все философствует.

ПАУЛЬ. Отойди, дурак! Ему плохо!

ФРАНЦ. Мне хорошо! О, как мне хорошо! Я близок к самой сути, к тебе, мама! К тебе, Карл! И — к истине! (*В экстазе.*) И — к завершению той пьесы, которая называется жизнь! Господи, ты знаешь — я близок к этому. Так помоги мне еще, чтобы я приобщился. Не его возьми — меня! Я хочу к тебе. Возьми меня к себе, туда! Возьми меня вместо него, я пойду вместо него. Я хочу быть с ними, с матерью, с Карлом — с Тобой! Возьми меня, прими меня, Господи! Ты ведь знаешь — это так — я отказываюсь, отказываюсь от своей пьесы и ее окончания. Теперь я так близок к сути, близок к Тебе, и я знаю, что этот осколок моей жизни станет целым, когда я ее отдам. Возьми мою жизнь, прими как жертву, плату за других, за них, за этого вот! Я знаю, он хочет жить, и его молодая жена там, дома, тоже хочет, чтобы он жил. А я отрекаюсь теперь уже вправду, Ты знаешь это, о Небо!

ПАУЛЬ (*склоняясь к Эрнсту*). Эрнст, что с тобой? Ну же, пошевелись!

ФРИЦ. Да никогда он уже не пошевелится, не видишь, дурень? Он уже концы отдал.

ПАУЛЬ. Да, видно, так. Эй, Гейнц, Густав! Идите сюда, возьмите покойника и вытащите его за дверь, здесь и так дышать нечем. (*Тихо.*) И возьмите, что там у него есть в карманах. Куртка тоже не самая плохая, твоя, Густль, хуже. Поменяйтесь куртками. (*Труп, волоча по полу, вытаскивают за дверь и оставляют на земле возле барака. Пауль возвращается к Францу.*)

ФРАНЦ. Что — он умер? Господи!

ПАУЛЬ. А ты как?

ФРАНЦ. Это что же — ничего не получилось?

ПАУЛЬ (*качая головой*). Снова бред.

ФРАНЦ. Небеса не согласились…

ПАУЛЬ. Ну что ты опять там фантазируешь?

ФРАНЦ. Он не принял мою жизнь, мою жертву. Я слишком дрянной, я недостоин!

МАТЬ. Не говори так, Францик!

ФРАНЦ. Карл был достойнее.

КАРЛ. Мы ждем тебя.

МАТЬ (*Карлу*). Я пойду еще раз попытаюсь.

КАНТ. Этого вы не должны делать, сударыня.

СПИНОЗА. А почему бы ей еще раз не подать заявление?

СОКРАТ. Вы не понимаете. Она не должна этого делать, и все!

КАРЛ. На этот раз я сам буду жаловаться.

ЧЕРНЫЙ АНГЕЛ (*появляется справа*). Я тоже думал, что должен забрать его, но в последний момент было решено иначе.

КАРЛ. Я не могу заявить?

АНГЕЛ. Нет, слишком поздно.

КАРЛ (*просяще*). Но нам бы так хотелось, чтобы он был с нами!

АНГЕЛ. Оставайтесь вы с ним!

МАТЬ (*покорно*). Идем, Карл. Мы останемся возле него — пока это нужно...

АНГЕЛ. Теперь этот придет со мной. (*Указывает на дверь барака.*) Однако так не годится.

(*Уходит направо.*)

УНТЕРШАРФЮРЕР (*появившись слева, с руганью врывается в барак*). Кто тут швыряет мертвецов перед дверью? Староста блока!

ПАУЛЬ. Здесь, господин унтершарфюрер!

УНТЕРШАРФЮРЕР. Убрать этот вонючий труп, бросить его хоть в мусорную яму, но здесь не оставлять!

ПАУЛЬ (*извиняющимся тоном*). Наши люди так ослабели…

УНТЕРШАРФЮРЕР. Я тебе покажу ослабели! (*Ударяет его по лицу.*) Так лучше? Ты, собака паршивая!

Трое заключенных волокут труп за барак. Унтершарфюрер уходит.

ЧЕРНЫЙ АНГЕЛ (*приходит справа*). Вот такие дела! Мучить людей — и больше ничего! Но Карл — тот был просто прекрасен. Не сдался!

КАНТ. Подойдите сюда, Карл.

КАРЛ. Я здесь, господа.

КАНТ. Вы знаете этого господина?

КАРЛ. Откуда…

АНГЕЛ. Я — тот человек, который должен был вас истязать, который вас убил.

КАРЛ (*безучастно*). Вот как…

МАТЬ. Карл, поблагодари этого господина, он ведь хотел тебе добра и делал все это по высшему поручению, он привел тебя ко мне!

КАРЛ (*кланяясь*). Благодарю вас, сударь.

АНГЕЛ. Меня? Вы же слышали: по поручению…

КАРЛ. И все-таки… Но, право, забавно: если бы тогда мне сказали…

СОКРАТ. Да? То-то бы вы удивились!

СПИНОЗА. Так людей можно только запутать.

КАНТ. Они со временем сами к этому придут, ко всему…

АНГЕЛ. Со временем? С вечностью!

МАТЬ. Я и сейчас еще слишком глупа, чтобы все это понять.

КАНТ. Мы все еще не готовы, сударыня, мы все. Мы еще только играем…

МАТЬ. Если бы все уже были со мной. Хотя бы мальчики…

КАРЛ. Пойдем, мама. Поможем Францу.

АНГЕЛ. Помочь вы не можете. Пока вы должны только побыть с ним.

МАТЬ. Я вам все-таки так благодарна — уже за то…

АНГЕЛ. Утешьтесь! Он нужен нам еще ненадолго — там…

МАТЬ. Где же?

АНГЕЛ. Здесь.

КАРЛ. Что он имеет в виду?

КАНТ. На сцене.

АНГЕЛ. В жизни.

ФРАНЦ. Зачем?! Зачем я должен дальше жить — теперь?

СПИНОЗА (*Ангелу*). Можно объяснить ему это?

АНГЕЛ. Он должен сам прийти к этому, иначе ему не поможешь.

ФРАНЦ. И это — милость? Милостью была бы смерть! Но снова жить? Зачем, зачем я пережил эту смерть?

АНГЕЛ. Не беспокойте его, он еще все поймет.

КАРЛ. Но объясните это по крайней мере нам.

АНГЕЛ. Спросите этих господ.

КАНТ. Он нам нужен еще на минутку.

МАТЬ. Но зачем, господа?

СОКРАТ. Он должен написать свою пьесу — закончить ее и подписать.

КАРЛ. Но ведь он уже прожил свою жизнь до конца — до ее завершения!

СПИНОЗА. Протокол еще не готов.

МАТЬ. О каком протоколе он говорит, Карл?

КАРЛ. Это пьеса, которую мы здесь играем — сейчас, на этой сцене.

МАТЬ. Я не понимаю.

КАРЛ. Я тоже, мама.

СОКРАТ. Они поймут нас позже, когда опустится занавес.

СПИНОЗА. Подождите еще чуть-чуть — скоро все закончится.

ФРАНЦ. Пауль!

ПАУЛЬ. Да, я здесь! Тебе лучше?

ФРАНЦ. Не смейся над тем, что я тебе скажу, но я кое-что понял — и это здорово.

ПАУЛЬ. Что? И что ты понял?

ФРАНЦ. Я все сделаю лучше. Я приговорен — приговорен к жизни.

ПАУЛЬ. Не будь дураком!

ФРАНЦ. Да, уверяю тебя! Я приговорен продолжать эту вонючую жизнь, но (*почти торжественно*) она не должна оставаться вонючей! Я сделаю ее лучше, сделаю плодотворной, я закончу то, что когда-то начал. И я не кончусь до тех пор, пока этого не сделаю. Теперь я уверен!

ПАУЛЬ. Не болтай глупостей.

ФРАНЦ. Я знаю, что говорю, и знаю, что мне делать.

КАРЛ. Он думает о своей пьесе, той, неоконченной, которую ему пришлось выбросить в Бухенау. Тогда я в первый и последний раз видел, как он плачет.

МАТЬ. Бедный мальчик…

КАНТ. Теперь понимаете, что мы тут играем?

МАТЬ. Начинаю понимать.

КАРЛ. Теперь мне все ясно.

ЧЕРНЫЙ АНГЕЛ. Так что потерпите пока — вы оба и вы, господа; вы знаете, что вам делать.

КАНТ. Конечно, знаем.

Ангел уходит направо.

СПИНОЗА. Что он имеет в виду?

СОКРАТ. Нам надо уходить.

СПИНОЗА. Почему? Так вдруг?

КАНТ. Мы тут лишние.

СПИНОЗА. Ах, так — sub specie aeternitatis, под углом зрения вечности и одновременности, больше уже ничего не будет сыграно?

СОКРАТ. Это вы ухватили — и, конечно, по-латыни.

СПИНОЗА. Ну, не ведите себя так, будто… Я, по крайней мере, писал на двух языках — латинском и иврите, а вы вообще не писали, вы только говорили и только по-гречески.

КАНТ. Не препекайтесь, господа! Еще раз: мы здесь лишние.

СОКРАТ. Во всяком случае, в данный момент.

СПИНОЗА. Ну хорошо, идемте.

КАНТ. Одну минутку — послушайте!

ПАУЛЬ (*Францу*). Ты давай, поспи немного. Я тоже лягу. Хорошо бы переспать этот чертов голод, но боюсь, что сниться мне будет опять-таки жратва.

ФРАНЦ. По крайней мере хоть во сне поешь.

Пауль ложится на свои нары.

ФРАНЦ. Мама… Карл… Господи… теперь я один, только с вами! И теперь я обещаю выполнить то поручение, которое я, может быть, лишь воображаю. Но воображение это или нет, станет ясно только в деле, в том, что я сделаю. Увидим...

СПИНОЗА. Он думает о пьесе, которую должен написать?

СОКРАТ. ...И которую мы здесь сыграли — наш протокол.

КАНТ. Мы идем, господа?

СПИНОЗА (*Сократу*). И вы думаете, люди это поймут?

СОКРАТ (*пожимает плечами*). Что могли, мы сделали.

СПИНОЗА. Вот увидите, люди скажут, что все это выдумки.

СОКРАТ. И что?

КАНТ. Все, что люди здесь увидели и услышали, и может быть только представлением. Ведь если бы мы показали им правду как она есть, они остались бы к ней слепы и глухи — поверьте мне, милый Барух!

СПИНОЗА. Придется поверить.

Философы уходят направо.

ФРАНЦ. Придется верить! (*Выпрямляется; остальные спят — тихо или беспокойно ворочаясь во сне.*) Я верю. В себя! В тебя, мама! Мама!

МАТЬ. Да, сынок.

ФРАНЦ. Карл!

КАРЛ. Хорошо, все хорошо, Францик…

ФРАНЦ. Господи!

Тишина. Занавес.

Франкл Виктор

Сказать жизни «ДА!»
Психолог в концлагере

Издатель *П. Подкосов*
Редактор *Д. Леонтьев*
Руководитель проекта *И. Серёгина*
Технический редактор *Н. Лисицына*
Корректор *О. Галкин*
Компьютерная верстка *Е. Сенцова, А. Фоминов*
Дизайн обложки *С. Прокофьева*

Подписано в печать 04.12.2024. Формат 70×90 1/32.
Бумага офсетная № 1. Печать офсетная.
Объем 7,5 печ. л. Тираж 50 000 экз. Заказ № 10517.

ООО «Альпина нон-фикшн»
123007, г. Москва,
ул. 4-я Магистральная, д. 5, строение 1, офис 13
Тел. +7 (495) 980-53-54
www.nonfiction.ru

Интернет-магазин издательской группы «Альпина»
ООО «Альпина Паблишер»
115093, г. Москва, вн. тер. г. муниципальный округ Замоскворечье,
ул. Щипок, д. 18, ком. 1; ОГРН 1027739552136
www.alpina.ru
e-mail: info@alpina.ru

Отпечатано с готовых файлов заказчика
в АО «Первая Образцовая типография»,
филиал «УЛЬЯНОВСКИЙ ДОМ ПЕЧАТИ».
432980, Россия, г. Ульяновск, ул. Гончарова, 14

Знак информационной продукции
(Федеральный закон № 436-ФЗ от 29.12.2010 г.) 16+